LENGUA CASTELLANA Y LITERATURA

PRIMER TRIMESTRE

AUTORES

Óscar José Martín
Claudia Araya Olazarán
Manuel García Haczek
Fernando Castillo Rodríguez

COLABORA LA ASOCIACIÓN

GAMIFICA TU AULA

M.ª Jesús Asturiano Albenca
Javier Barba Calatrava
Salvador Carrión del Val
Clara Cordero Balcázar
Juan Fernández Galera

El 0,7% de la venta de este libro se destina a proyectos de desarrollo de la ONGD SED (www.sed-ongd.org).

		 Saber hacer	 Saber ser
Unidad		**Comunicación oral**	**Lectura y comprensión lectora**
Escáner del Olvido	PÁGS. 8-11	Los textos	
La hora de todos	PÁGS. 12-13	Es noticia	
1 Sin pelos en la lengua	PÁGS. 14-31	Conversar	El pintor de sueños
2 ¿Quién sabe dónde?	PÁGS. 32-49	Describir personas y animales	La magia de Carlota
3 ¡No me digas!	PÁGS. 50-67	Narrar una anécdota	Mi abuela es tremenda
4 ¡Sabor a la vida!	PÁGS. 68-85	Explicar una receta de cocina	¡De menú, piedras volcánicas! De la yogurtera a la nevera
Trimestral	PÁGS. 86-95	Entrenamiento de equipo	
La hora de todos	PÁGS. 96-97	De segunda mano	
5 A pies juntillas	PÁGS. 98-115	Contar una noticia	Diputados por un día
6 ¿A qué suena?	PÁGS. 116-133	Explicar un experimento	La canción feliz Croa, croa, la rana
7 Sintoniza la radio	PÁGS. 134-151	Realizar un anuncio de la radio	Feroz tiene corazón
8 Me interesa saber…	PÁGS. 152-169	Entrevistar a una persona	El molinero, su hijo y el asno
Trimestral	PÁGS. 170-175	Entrenamiento de equipo	
La hora de todos	PÁGS. 176-177	Haciendo memoria	
9 Cuenta la leyenda…	PÁGS. 178-195	Describir un objeto, una escena o un lugar	El pájaro que no es pájaro
10 Los puntos sobre las íes	PÁGS. 196-213	Participar en un debate o coloquio	El parque más grande del mundo La ciudad ideal
11 Batería de preguntas	PÁGS. 214-231	Realizar una encuesta	La mejor amiga de los chimpancés
12 Se cierra el telón	PÁGS. 232-249	Representar una obra de teatro	Luces de colores
Trimestral	PÁGS. 250-267	Entrenamiento de equipo	

PRIMER TRIMESTRE · **SEGUNDO TRIMESTRE** · **TERCER TRIMESTRE**

 Saber				 Saber hacer	
Gramática	Vocabulario	Ortografía	Literatura	Expresión escrita	Evaluación
Las palabras			La literatura		
La comunicación. Las lenguas	Los sinónimos y los antónimos	Las sílabas	Los textos literarios y los no literarios	Las normas. Expresiones de mandato y prohibición	¡Inolvidable!
El texto, el párrafo y el enunciado. Las clases de oraciones	Los diminutivos y los aumentativos	Las reglas generales de acentuación	Los temas de la literatura. El verso y la prosa	La descripción. Distribución del texto en el papel	¡Inolvidable!
El sujeto y el predicado. Los elementos del sujeto	Las palabras derivadas. Las familias de palabras	El diptongo	Los recursos literarios I. La hipérbole y los juegos de palabras	La noticia. Lenguaje no discriminatorio	¡Inolvidable!
El nombre. Las clases de nombres. El género y el número	Los prefijos	El hiato	Los recursos literarios II. La personificación, la comparación y la metáfora	Las reglas de un juego. Inserción y coordinación de oraciones	¡Inolvidable!
¡A prueba!			La rima y la métrica		
Los determinantes I. El artículo y el demostrativo	Los sufijos	Los adjetivos con v	La poesía I. Versos y estrofas	El diario personal. Conectores temporales, espaciales y causales	¡Inolvidable!
Los determinantes II. El posesivo y el numeral	Las palabras compuestas	Las palabras con b	La poesía II. Ritmo y rima	La exposición escrita. Conectores de orden, contraste y explicación	¡Inolvidable!
El adjetivo. Los grados del adjetivo	El campo semántico	Las palabras con g y con j	La narración I. El cuento	El anuncio. Juegos de palabras	¡Inolvidable!
Los pronombres personales y los demostrativos	Las palabras polisémicas	Las palabras con h y con x	La narración II. La fábula	El formulario. Alargar y acortar frases	¡Inolvidable!
¡A prueba!					
El verbo: persona, número, tiempo y modo	Las palabras homónimas	Las palabras con ll y con y	La narración III. La leyenda	La carta y el correo electrónico. Mantenimiento del tiempo verbal	¡Inolvidable!
La conjugación	Casos especiales de los nombres en cuanto al género	Los signos de puntuación I. El punto, la coma, los dos puntos y el punto y coma	La narración IV. La novela	La solicitud. Mecanismos de referencia interna	¡Inolvidable!
El adverbio. Clases de adverbios	Las abreviaturas y las siglas	Los signos de puntuación II. Los signos de interrogación y de exclamación y los paréntesis	Escritos personales. La biografía y la autobiografía	El informe. Segmentación y recomposición	¡Inolvidable!
Las preposiciones y las conjunciones. Las interjecciones	Las frases hechas y los refranes	Los signos de puntuación III. El guion, la raya y las comillas	El teatro	La entrevista. Estilo directo e indirecto	¡Inolvidable!
¡A prueba!		Tipologías textuales		La conjugación verbal	

LA LEYENDA DEL LEGADO

Cuenta la leyenda que hace mucho, mucho tiempo, algunos profetas anunciaron que, algún día, El Malvado Olvido asolaría la Tierra y a todos sus habitantes, destruyendo todo el conocimiento humano del pasado, el presente y el futuro.

Esta fue la razón por la que se construyó la Biblioteca del Legado, que albergaba en su Sala Principal la esencia de todos los saberes.

Recientemente, El Olvido localizó la ubicación de la Biblioteca e hizo caer sobre ella una maldición para destruirla. Por suerte, todo lo que consiguió fue fragmentarla en seis secciones, sin llegar a dañar la Sala Principal y lo que en ella se custodiaba.

También cuenta la leyenda que solo los escogidos, con la esencia de los saberes como única arma, podrán derrotar a El Olvido y reconstruir la Biblioteca del Legado, preservando todo el conocimiento necesario que evitará la desaparición de la Humanidad.

Si estás leyendo este episodio, no cabe duda, eres uno de los guardianes del Legado y aquí comienza tu aventura...

¡Saludos! El oráculo te da la bienvenida a la gran misión de este curso.

Te encuentras en la Sección 4 de la Biblioteca del Legado y este libro que tienes en tus manos forma parte de ese Legado que, desde hoy, deberás custodiar y proteger.

Presta atención a las indicaciones que te ayudarán a resolver la misión con éxito.

¿Qué harás para poner a salvo la Sección 4 de la Biblioteca?

1 Fundar una ciudad clásica. El Legado te ayudará a conseguirlo.

2 Convertirte en titán para resolver las tareas y retos.

3 Esquivar a los cíclopes, que intentarán distraerte de tu misión.

4 Acumular frasquitos de ambrosía, que conseguirás como recompensa por diferentes acciones.

ESCÁNER DEL OLVIDO

Saludos, guardianes.

Antes de emprender la aventura de este curso, deberéis pasar por el escáner del Olvido para comprobar que estáis custodiando adecuadamente el legado que recibisteis el curso pasado. Vuestro guía os dará las indicaciones necesarias para esta prueba.

Los textos

La jirafa: características, qué come, dónde vive, reproducción

La jirafa es un animal mamífero cuya característica más apreciable es su largo cuello. Es herbívoro y, en estado salvaje, se puede encontrar en algunos países del continente africano.

Las jirafas son parientes del antílope y del ganado bovino. Son mamíferos ungulados (caminan sobre el extremo de los dedos) que normalmente viven en manadas o grupos.

También son los animales más altos que existen en la Tierra. Debido a su gran estatura, pueden comer hojas y ramas pequeñas que se encuentran en las copas de los árboles, alimento que está lejos del alcance de otros herbívoros.

A pesar de su gran tamaño, las jirafas se pueden desplazar de forma elegante y silenciosa. Avanzan moviendo simultáneamente las dos patas de un mismo lado y son capaces de galopar a una velocidad de hasta 50 km/h.

https://www.curiosfera.com/jirafa
Adaptación

1. ¿Qué tipo de texto es el anterior?
   - poema
   - narración
   - descripción
   - noticia

2. ¿Cuál es la principal característica de una jirafa?

3. ¿En el texto se tratan rasgos físicos, de comportamiento o ambos? ¿Qué información crees que falta?

4. Redacta una carta al responsable de la publicación en la que preguntes las dudas y las curiosidades que tengas sobre las jirafas y, por otro lado, comentes tu opinión sobre ellas.

Las palabras

5. Clasifica estos determinantes en artículos, demostrativos, posesivos y numerales. Explica, también, de qué tipo es cada uno.
   - las
   - su
   - vuestras
   - cien
   - cuarto
   - este
   - aquella
   - el
   - un

6. ¿Qué clase de palabra es **herbívoro**?
   - Un nombre común.
   - Un determinante.
   - Un pronombre personal.
   - Un adjetivo.

7. ¿A qué conjugación pertenece la forma verbal **avanzan**? Indica también su persona, número y tiempo.

8. Localiza en el texto una palabra polisémica. Explica su significado aquí y añade otro significado diferente.

9. Copia las palabras que pertenezcan al campo semántico de los mamíferos y añade una más: **araña, jirafa, sapo, antílope, lince, caracol, mosquito, mariposa.**

10. Localiza en el texto una palabra aguda con tilde, una llana sin tilde y una esdrújula.

11. Separa las sílabas de las palabras de la actividad anterior y explica por qué llevan o no tilde.

ESCÁNER DEL OLVIDO

La literatura

La fiesta de disfraces

Imagina primero una jirafa en una ambulancia: «ninoo, ninoo». Imagina luego el triquitraque de la camilla con el animal alargado entrando en urgencias. Imagina por último los enfermos incrédulos, estirando el cuello y **trastabillando**:

—U-una ji-jirafa... No es po-si-ble. ¡Estoy peor de lo que pen-pensa-ba...!

Pero si resulta que la jirafa eres tú y te llevan en una camilla por los pasillos del hospital; si resulta que todavía no has tenido la oportunidad de quitarte el disfraz de carnaval; es posible que, al final, no sepas con exactitud cómo te encuentras, si dolorida o avergonzada, o ambas cosas a la vez...

—Veremos qué sale en la placa, aunque no parece que tengas ninguna rotura.

—La médica habla como una lechuza blanca y sabia, pero no me gusta que me digan qué debo sentir—: Tienes que estar contenta, podrás pasar la noche en casa.

Un enfermero me ajusta una venda al tobillo y me siento mejor. Sin embargo, ¿cómo puedo estar contenta? He dejado a mis amigos preocupados, pero ellos siguen de fiesta y yo continúo en el hospital, cabizbaja y ridícula, a la espera de que lleguen mis padres. Lo peor es que, con las prisas, todavía a nadie se le ha ocurrido quitarme el disfraz. [...]

Desde el principio me pareció un disfraz incómodo y desacertado: me obligaba a agacharme para pasar las puertas, apenas veía el suelo y me tropezaba cada dos por tres. Pero la pregunta de Julia en la plaza también estuvo fuera de lugar.

—¿Cómo es que no has visto la botella? ¡*Lasanoforos*! Si la llego a ver, no me habría torcido el tobillo.

Patxi Zubizarreta
¡Corre, Kuru, corre!
Edelvives

Vocabulario

trastabillar: tambalearse, vacilar, titubear.

12. ¿Qué disfraz lleva la protagonista de la historia?

    médica   jirafa   enfermera

13. Responde a estas preguntas.
    - ¿Qué le ha ocurrido a la niña?
    - ¿Le gusta el disfraz que lleva?
    - ¿Cómo reaccionan los demás enfermos al verla?

14. Corrige las oraciones falsas.
    - La niña se encuentra muy feliz.
    - El médico le dice que tendrá que quedarse en el hospital esa noche.
    - Un enfermero le pone una venda en la muñeca.
    - Los padres de la niña no han llegado al hospital aún.

15. ¿Cómo dice que habla la médica? ¿Cómo se llama el recurso que utiliza para expresarlo?

    personificación   comparación   metáfora

16. ¿Qué significa la expresión «cada dos por tres»? ¿Y cuál es el sinónimo de **desacertado**?

17. Localiza en la lectura la palabra que utiliza la niña para responder a la pregunta de Julia. ¿Qué crees que quiere expresar?

18. Escribe un breve resumen del texto.

19. ¿El fragmento anterior forma parte de un texto literario o de uno no literario? Justifica tu respuesta.

20. Inventa y redacta un final para esta historia.

21. Aunque todos debemos ir al médico cuando es necesario, no suele ser una situación que nos provoque tranquilidad. Ponte en el lugar de la protagonista. ¿Cómo te sentirías tú?

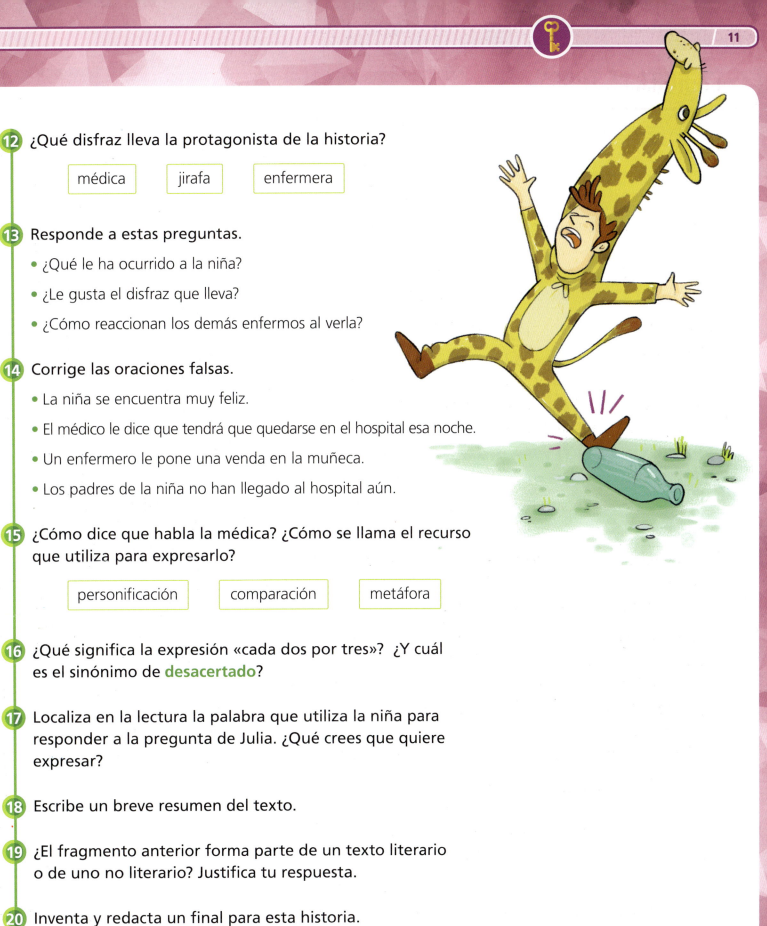

LA HORA DE TODOS

PRIMER TRIMESTRE

Titanes, ¡las noticias vuelan! Hoy os convertiréis en importantes periodistas. Para ello, tendréis que investigar, conocer la actualidad y, sobre todo, buscar siempre la verdad.

¡Ánimo en vuestra investigación!

Es noticia

Un periodista ha disfrutado de unas vacaciones dando la vuelta al mundo y no se ha enterado de las noticias recientes. Sin embargo, su periódico quiere publicar una edición con los últimos acontecimientos de vuestra región y del país. Por ello, está recopilando información, pero teme que no le dé tiempo. ¿Y si le echáis una mano?

¿Crees que hace falta contar lo que ha sucedido con detalle para que exista una noticia? ¿Debe ser real y cierta?

¿Puedes explicar la última noticia que escuchaste? ¿Cómo te enteraste?

¿Qué tipos de noticias conoces? ¿Sobre qué temas te gusta más estar informado?

PRIMER TRIMESTRE / 13

Para investigar

Podéis obtener información útil para este reto.

- En la unidad 3, págs. 64, 65.

- Consultando periódicos o revistas.
- Buscando en Internet. Podéis usar palabras clave en el buscador, como «noticias sobre deporte», «sobre moda», «sobre medioambiente», etc.
- Preguntando a familiares.
- Viendo los informativos en la televisión.

Para presentar

Podéis elaborar alguno de estos productos para presentar el resultado de vuestro trabajo.

- Un dosier con recortes de noticias (fotos, titulares, artículos).
- Una página real de un periódico, que incluya una noticia. Puede presentarse como un mural en una cartulina.
- Una representación de un programa informativo. Tendréis que explicarla como periodistas que la retransmiten por televisión.
- Un libro de noticias, mediante una recopilación de todos los trabajos y su unificación.

1 SIN PELOS EN LA LENGUA

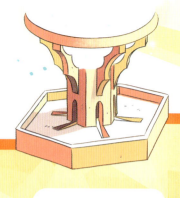

¿Se te ocurre alguna manera de mantener una conversación con gente de diferentes países sin que compartáis la misma lengua?

Titanes, fundar una nueva ciudad es una gran responsabilidad para todos los habitantes que vivirán en ella. En una ciudad ideal, no habrá barreras que impidan la comunicación entre los individuos. ¡Imaginad la vuestra!

¿Crees que son útiles los semáforos para la convivencia en una ciudad?

¿Cuántas lenguas conoces?

CONVERSAR

1. Observa las imágenes y responde a estas preguntas.
   - ¿Conoces las lenguas en las que está escrita la señal?
   - ¿Cuántas lenguas distintas reconoces en las etiquetas que forman la esfera?
   - ¿Dónde se hablan estas lenguas?

2. ¿Crees que estos amigos se podrían comunicar si no hablaran la misma lengua? ¿Cómo?

3. ¿Te has comunicado alguna vez con otra persona que no hablara tu idioma? Cuenta la experiencia.

4. ¿Conoces las lenguas que se hablan en España? Cítalas y explica las ventajas que tiene un país donde se hablan varias lenguas.

UNIDAD 1 | 17

5 🔊 Escucha la conversación entre Darío y Gustavo. Retén toda la información que puedas y realiza las anotaciones que consideres necesarias.

6 Responde a estas preguntas.
- ¿Dónde viven los tíos de Darío? ¿Son de allí?
- ¿Qué lenguas se hablan en ese país?
- ¿Cómo se comunica Darío con sus tíos?
- ¿Crees que a Gustavo le gustaría aprender otras lenguas? ¿Por qué?

7 ¿Mantienen Darío y Gustavo un diálogo ordenado y claro? Explica cómo.

8 Por su forma de hablar, ¿crees que son amigos? ¿Por qué?

Para **conversar,** hay que respetar las opiniones y guardar los turnos de intervención. Además, se debe usar un lenguaje más o menos formal, dependiendo de la persona con quien se hable.

9 Busca en Internet cómo se saluda en todas las lenguas de España y practica en voz alta.

10 ¿Qué lenguas hablas o te gustaría hablar? Conversa con tus compañeros sobre ello.

El pintor de sueños

- ¿Recuerdas cuál fue tu último sueño? ¿Cómo lo dibujarías?
- ¿Conoces algún truco para no tener pesadillas? ¿Te ha funcionado?

Pensó que le faltaría la mano de Federico para recuperar la sonrisa camino del colegio. Sabía que su madre no la podría acompañar y no era el mejor día para aventurarse a ir sola por primera vez.

Sentada en la cocina, esperaba inquieta la hora de marchar.

Un joven alto y delgado, que llevaba un fino bigote puntiagudo, se acercó a ella.

—¿Quieres que hoy te lleve yo a la escuela? —le preguntó—. Como Federico no está… Él me dejó el recado. Me llamo Salvador.

Salvador estrechó la mano de Clara e hizo una curiosa reverencia.

—Federico me ha dicho que eres una princesa y ya veo que lo pareces.

Clara sonrió y se dejó llevar por la mano del joven. Con la otra se despidió de su madre, quien suspiró aliviada: no quería que la niña caminase sola hasta el colegio y ella no la podía acompañar.

Aunque se sentía más tranquila, aún no había olvidado las pesadillas de la noche, envueltas en un vendaval de sombras y ruidos.

Iba callada, mirando al suelo.

Salvador, que era muy listo, enseguida se dio cuenta de que algo ocurría.

—Federico me dijo que eras una niña alegre y que no parabais de hablar cuando ibais hacia la escuela. Me extraña que estés tan seria hoy.

—Es por las pesadillas —confesó Clara.

—¿Has tenido malos sueños esta noche? No me extraña, con ese viento yo también he sentido miedo.

—¿Qué se puede hacer para no tenerlos?

—Es difícil la pregunta —reconoció Salvador—. Federico inventaría una poesía para ahuyentarlos. Él me descubrió la poesía, pero a veces me cuesta entenderla. Hasta me ha escrito un poema, una **oda,** maravillosa, aunque difícil de comprender. ¿Sabes lo que hago yo con las pesadillas? Como soy pintor, las dibujo. Tú deberías hacer lo mismo.

—¿Pintas pesadillas? Serán unos cuadros muy raros —dijo ella.

—Sí, son raros. Mucha gente no los entiende, pero es aburrido pintar lo de siempre. Yo quiero dibujar los deseos, las sensaciones, los sueños..., y no es fácil.

—Es verdad. No sé cómo se pintaría un sueño.

—¡Tendrás que intentarlo!

Salvador, que se apellidaba Dalí y llegaría a ser un famoso pintor, se despidió de Clara en la puerta del colegio. De regreso a la residencia, el joven fue pensando cómo pintar las pesadillas de una noche de viento.

Años después, Clara pudo comprobar que muchos cuadros de aquel joven Dalí que la acompañaba al colegio parecían extraños sueños, y que, tal vez, le habían servido para ahuyentar sus propias pesadillas.

Rosa Huertas
¿Qué sabes de Federico?
Edelvives

Vocabulario

oda: tipo de poema en el que se expresa admiración.

Después de leer

LOCALIZO

1 ¿En qué momento del día sucede esta historia?

2 Responde a estas preguntas sobre la lectura.
- ¿Por qué acompaña Salvador a la niña?
- ¿Quién suele acompañarla?
- ¿Por qué piensa Salvador que a la niña le sucede algo?

3 Completa este resumen sobre Salvador.

> Salvador se apellida ..... . Es un chico ..... y ..... . La forma de su bigote es ..... . Cuando saluda, hace una ..... .
>
> Pasados los años, Salvador se convierte en ..... .

4 ¿Qué consejo le pide la niña a Salvador? ¿Cuál le da él?

5 Observa e indica qué cuadro se ha pintado tal como desea Salvador. Luego, explica cómo lo has sabido.

 a

 b

 c

COMPRENDO

6 ¿Por qué no era el mejor día para que la niña fuera sola al colegio?

7 Elige tres de estas palabras para describir a Salvador y justifica tu respuesta.
- curioso
- rompedor
- tradicional
- sensible
- aburrido
- trabajador
- original

COMPRENDO

8 ¿Cómo recuerda Clara sus pesadillas? Cambia la palabra destacada por otra de su familia con el mismo significado: «envueltas en un **vendaval** de sombras y ruidos».

- ventilador
- ventarrón
- viento
- vientecillo

9 ¿Qué tienen en común la niña y Salvador? ¿Y Federico y Salvador?

10 ¿Qué texto del margen pudo dedicar Federico a Salvador?

11 ¿Dónde vive Salvador? Busca la palabra **residencia** en el diccionario y copia la acepción más adecuada.

12 Federico se apellida García Lorca. Investiga qué textos escribió y copia el título de alguna de sus obras.

13 ¿Salvador acompañó a la niña una sola vez? Lee, observa la palabra destacada y copia la respuesta correcta.

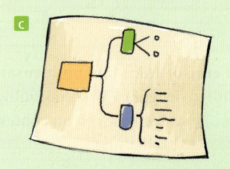

> Años después, Clara pudo comprobar que muchos cuadros de aquel joven Dalí que la **acompañaba** al colegio parecían extraños sueños.

a. Sí, indica que la acción se repite.
b. No, indica que la acción solo se realiza una vez.

RELACIONO

14 ♥ Salvador y Federico utilizan la creatividad para ahuyentar sus miedos.

- ¿Qué manera creativa se te ocurre para ahuyentar los tuyos?

15 ♥ Salvador observa los movimientos y la actitud de la niña cuando pasean.

- ¿En qué te fijas tú cuando estás con tus amigos para saber cómo se sienten y si necesitan tu apoyo?

La comunicación. Las lenguas

La comunicación

Los seres humanos nos comunicamos al transmitir ideas, informaciones, sentimientos… Esta comunicación puede ser:

- **Verbal.** Si se utilizan palabras, ya sea de forma **oral** (una conversación) o **escrita** (una carta).

- **No verbal.** Cuando la comunicación se produce sin palabras; por ejemplo, a través de **gestos, sonidos** o **imágenes.**

En toda comunicación intervienen distintos elementos:

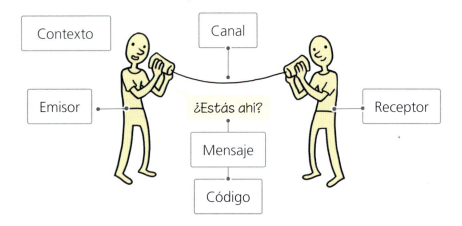

El **emisor** transmite un **mensaje** a un **receptor** mediante un **código** (lengua). Al hacerlo, utiliza un **canal** (aire, línea telefónica…) y se comunica en un **contexto** o situación determinados.

Las lenguas

En el mundo existen miles de lenguas distintas. El **castellano** o **español** es una de las lenguas más utilizadas. Se habla en España y, con pequeños cambios, en otros países, sobre todo de América.

Además, en algunas comunidades autónomas de España se emplean también otras lenguas, que son oficiales en su territorio, como el castellano, y que suponen una gran riqueza cultural.

Amplía

Algunas de las lenguas habladas en España cuentan con dialectos.
Los **dialectos** son modalidades regionales de una lengua. Por ejemplo, el andaluz es un dialecto del castellano.

1. Señala los elementos de la comunicación presentes en la ilustración de la izquierda.

2. Pon un ejemplo de una situación en la que utilices gestos para comunicarte.

3 Elige con tu compañero una de estas maneras de comunicarse y empleadla en una situación comunicativa. Explicad si la comunicación es verbal o no verbal.

4 Busca en el diccionario estas palabras del español hablado en América y escribe a qué fotografía corresponde cada una: **lentes**, **jugo** y **medias**.

5 Fíjate en qué lenguas de España hablan estos niños y escribe el nombre de las comunidades autónomas donde son oficiales.

Ni Ane naiz.   Eu son Lois.   Em dic Marc.

Euskera   Gallego   Catalán

Los sinónimos y los antónimos

Dos palabras son **sinónimas** cuando tienen un significado **igual o parecido.** Los adjetivos *cansado* y *fatigado* son sinónimos.

Dos palabras son **antónimas** cuando expresan significados **opuestos.** Los verbos *limpiar* y *ensuciar* son antónimos.

> Algunos antónimos se forman con **prefijos**: *i-* (*i*lógico), *in-* (*in*creíble), *im-* (*im*par) o **des-** (*des*confiar).

6 Escribe las palabras de cada uno de los grupos siguientes que sean sinónimas.

- tibio, frío, templado
- curar, sanar, inyectar
- alumna, profesora, maestra
- cerca, próximo, detrás

7 Copia las siguientes oraciones y sustituye las palabras destacadas por antónimos.

- Este álbum de cromos está **incompleto**.
- Tienes **cosido** el primer botón de tu camisa.
- La niña **sujetó** al perro en el parque.
- Es **imposible** despertarla cuando duerme.

Las sílabas

Una **sílaba** es un grupo de sonidos que, en una palabra, se pronuncian con un solo golpe de voz. Por ejemplo, la palabra *estuche* está formada por tres sílabas: *es-tu-che.*

Según su **número de sílabas**, las palabras pueden ser:

Monosílabas	Bisílabas	Trisílabas	Polisílabas
Tienen una sola sílaba: *gel.*	Tienen dos sílabas: *lu-na.*	Tienen tres sílabas: *ca-ta-lán.*	Tienen cuatro o más sílabas: *cas-te-lla-no.*

En una palabra, la sílaba que se pronuncia con más fuerza es la **sílaba tónica**. El resto son **sílabas átonas**. Por ejemplo:

Las palabras de más de una sílaba se pueden clasificar según la **posición de la sílaba tónica:**

- **Agudas.** La sílaba tónica es la última: *pa-**nel**.*
- **Llanas.** La sílaba tónica es la penúltima: *a-**re**-na.*
- **Esdrújulas.** La sílaba tónica es la antepenúltima: ***sá**-ba-do.*

Recuerda

Para separar las sílabas de una palabra, se utiliza el **guion (-)**.

Pueden formar una sílaba:

- Una sola letra (una vocal): ***a**-be-to.*
- Varias letras (una combinación de vocales y consonantes): *a-**be**-to.*

---

1 Separa las siguientes palabras en sílabas.

- saludar
- útil
- mis
- allí
- tren
- colchoneta
- búfalo
- escaparate

2 Clasifica las palabras anteriores según su número de sílabas.

3 Pon un ejemplo para cada caso.

- Palabra bisílaba: un nombre de animal.
- Palabra monosílaba: un número.
- Palabra trisílaba: una fruta.

4 Divide estas palabras en sílabas y rodea las que sean tónicas.

- frágil
- novena
- líquido
- América
- doctor
- pipa
- cómico
- abandonar
- café
- listo

5 Clasifica las palabras anteriores por la posición de la sílaba tónica en una tabla así.

Agudas	Llanas	Esdrújulas

Practica todo

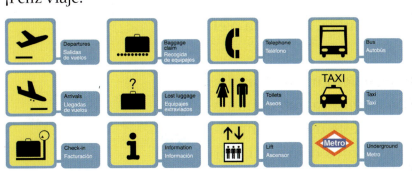

Guía de señales del Aeropuerto Adolfo Suárez Madrid-Barajas

Bienvenido al Aeropuerto Adolfo Suárez Madrid-Barajas.

Para facilitar su estancia, hemos confeccionado esta guía de señales utilizadas en el aeropuerto.

¡Feliz viaje!

1 Identifica el emisor original y el receptor para el que fue elaborado el mensaje del texto anterior.

2 Modifica en tu cuaderno esta ilustración para cambiar el código de la respuesta que el empleado le da a la chica.

Disculpe, ¿dónde está la puerta de embarque?

A la izquierda.

3 Piensa en un sinónimo del nombre **aeroplano** y un antónimo del verbo **aterrizar** y escríbelos.

4 Lee estas pistas y averigua cómo se desea un buen viaje en otras dos lenguas habladas en España.

Boa viaxe!   Bidaia ona!

- En euskera, la expresión utilizada es muy distinta de la usada en castellano.
- En gallego, la expresión empleada incluye la letra *x*.

5 Señala qué clase de palabra falta en esta oración (monosílaba, bisílaba, trisílaba o polisílaba) y añádele una de ese tipo.

- Alfonso fue al aeropuerto.

6 Separa estas palabras en sílabas y rodea la tónica. Después, escribe de qué clase son según la posición de la misma.

- cámara   • piloto   • radar

7 🔊 Escucha y copia las palabras del dictado. Después, sepáralas en sílabas.

Los textos literarios y los no literarios

Los textos pueden ser literarios o no literarios.

Los **textos no literarios** transmiten un **mensaje claro y preciso** para que el receptor lo comprenda correctamente. Pueden tener distintas finalidades, como la informativa (las noticias) o la expositiva (las enciclopedias o los libros de texto), entre otras.

Los **textos literarios** se crean para **entretener o emocionar** al lector u oyente. Son una fuente de conocimiento de otros mundos, tiempos y culturas. Es el caso de **la narrativa, la poesía o el teatro.**

Estos textos se caracterizan por el uso de un **lenguaje figurado**, mucho más expresivo que el de los no literarios, ya que estimula la imaginación y transmite emociones. Con este uso del lenguaje, las palabras adquieren significados distintos del literal, por ejemplo: *La barca acariciaba delicadamente el agua del mar.*

1 Lee atentamente estos textos y explica de qué tipo es cada uno.

> Con el viento que acompaña a los viajeros, cargado de novedades y rumores, la noticia llegó a Sevilla desde el puerto de Cádiz.
>
> Cristóbal Colón hará un nuevo viaje a las Indias y necesita marineros, soldados, artesanos, agricultores y grumetes, porque la expedición será muy numerosa, conquistará pueblos y fundará ciudades.
>
> Diego y Antonio Figueroa se miraron entre sí y dieron un salto de alegría. Era una noticia que esperaban con mucha ilusión.
>
> Carlos VILLANES CAIRO

> En 1486, el marino Cristóbal Colón ofreció a los Reyes Católicos un proyecto: viajar a las Indias hacia el oeste, en una nueva ruta por el Atlántico. Los informes científicos al respecto fueron muy poco favorables para Colón, y para la Corona era cuestión prioritaria en esos momentos la conquista de Granada. Terminada esta, los Reyes Católicos aceptaron su proyecto.
>
> www.wikipedia.org

2 Localiza en el texto literario la oración que emplea un lenguaje figurado. Cópiala y explícala con tus palabras.

3 Copia las oraciones en sentido figurado y explica su significado.

- El ritmo de la música los obligaba a bailar.
- Cuando ella apareció, su mirada iluminó la habitación.
- Los abrazos expresan mucho afecto.

4 Escucha la estrofa y responde a estas preguntas.

- ¿Qué emociones transmiten los primeros versos? ¿Y el último?
- ¿Cuál es tu recuerdo más alegre de cuando eras más pequeño? ¿Te gustaría olvidar algún momento del pasado?

5 Indica dónde podrías encontrar estos fragmentos. Después, clasifícalos en literarios y no literarios.

diligente

1. adj. Cuidadoso, exacto y activo.

2. adj. Pronto, presto, ligero en el obrar.

PETER: Este es un país de piratas, de niños perdidos, pero también de hadas.

TOM: ¿De hadas? Las hadas no existen.

PETER: Yo las vi con mis propios ojos y, si me sigues, tú también las verás. Confía en mí.

Al cole, ¡en pijama!

Los alumnos de un colegio de Primaria acuden vestidos con la ropa que utilizan para dormir como gesto de apoyo a los niños sin familia de todo el mundo.

Mi tierra

De viento, luz y aroma
está llena mi tierra añorada;
de ríos, prados y sol,
repleta mi tierra soñada.

RINCÓN CREATIVO

6 Inventa una continuación para este poema de Rubén Darío.

Margarita, está linda la mar,
y el viento,
lleva esencia sutil de azahar;
yo siento

en el alma una alondra cantar;
tu acento:
Margarita, te voy a contar
un cuento.

7 Infórmate y escribe un texto no literario sobre el azahar.

LAS NORMAS

Las **normas** son reglas que determinan lo que es **obligatorio** y lo que está **prohibido** hacer en un lugar o al realizar una actividad.

1 💬 ¿Por qué crees que es importante cumplir las normas?

2 Observa este cartel y lee atentamente las normas.

NORMAS DE COMPORTAMIENTO EN EL COMEDOR DEL COLEGIO

1. **Es obligatorio** lavarse bien las manos antes de acudir al comedor. ● ⎯⎯ Obligación
2. **Se debe** entrar respetando la fila y sin empujar.
3. **Hay que** estar atentos a las indicaciones de los monitores.
4. Una vez en el sitio, los alumnos **deben** permanecer sentados hasta haber terminado y levantar la mano si necesitan algo durante la comida.
5. **Está prohibido** gritar: **se debe** hablar con un tono de voz adecuado.
6. **No se debe** desperdiciar la comida, tirarla ni jugar con ella. ● ⎯⎯ Prohibición
7. Al finalizar, los alumnos **tienen que** llevar la bandeja y dejar el sitio recogido, con la silla bien colocada.
8. **No está permitido** introducir comida ni bebida en el comedor ni tampoco sacarlas del mismo.

ANALIZO

Las normas sirven para regular el comportamiento en determinados lugares (piscinas, museos, bibliotecas…), para garantizar la seguridad en las vías públicas (normas de circulación) o para escribir correctamente (normas de ortografía), por ejemplo.

3 Observa el texto anterior y responde.

- ¿Qué elementos se utilizan para distinguir una norma de otra? ¿Conoces otros modos de hacerlo?

- ¿Qué verbos se emplean?

- ¿Qué oraciones son afirmativas y cuáles son negativas?

4 Vuelve a leer el texto y reflexiona sobre su contenido.

- ¿A quién se dirige? ¿Para qué?

- ¿Crees que el lenguaje empleado es formal o informal? ¿Por qué?

- ¿Qué orden siguen las normas? ¿De qué otro modo podrían presentarse?

Escribe unas normas de comportamiento para tu clase.

PLANIFICO

5 En primer lugar, organiza tus ideas.

- Piensa en qué título pondrás al documento.
- ¿Qué actitudes consideras que deberían tener todos los alumnos? Haz una lista.
- ¿Qué comportamientos te parece que no se deben consentir en un aula? Enuméralos.

Puedes tomar como modelo este mapa conceptual y escribir, a partir de él, un guion.

REDACTO

6 Elabora un borrador con los datos de tu guion. Aplica los consejos de la derecha.

7 Redacta las normas teniendo en cuenta la planificación que has hecho. No olvides cuidar la ortografía y la presentación.

Mejora tu redacción

- Las normas tienen que ser **breves** y **fáciles de entender**, por lo que deben dejar muy claro lo que se puede o no se puede hacer.
- Cada norma debe **separarse** del resto con un punto y aparte. También pueden numerarse.
- Las normas que indiquen **mandato u obligación** empezarán por las siguientes fórmulas: *es obligatorio…, se debe…, hay que…*
- Las que establecen una **prohibición** pueden comenzar por estas otras: *está prohibido…, no está permitido…, no se debe…*

REVISO

8 Relee tu texto y valora en tu cuaderno estos puntos para evaluar tu progreso.

9 Intercambia tu texto con un compañero y evaluad cada uno el trabajo del otro.

Caligrafía	¿Se entiende la letra?
Ortografía	¿Has cometido alguna falta? Corrígela.
Estructura y redacción	¿Se distinguen con claridad las obligaciones de las prohibiciones?
	¿Has utilizado las expresiones adecuadas para cada caso?
Presentación	¿Has separado las normas con punto y aparte?
	¿Las has ordenado con números o guiones?

¡INOLVIDABLE!

Hasta el pozo de los deseos se acercó un hombre que deseaba ser rico. Antes de arrojar la moneda dentro, se asomó para ver si en lo más hondo era como un pozo normal, con su agua y demás. Pero allí todo aparecía muy oscuro, así que se asomó más. Se asomó tanto que perdió el equilibrio y se precipitó al fondo del pozo.

En el fondo del pozo de los deseos no había agua, sino todas las monedas que antes que él habían arrojado miles de hombres, mujeres y niños para formular su deseo.

Ahora ese hombre había cumplido su deseo de ser rico. Pero enseguida se dio cuenta de que allí no había nada que comprar, con lo que toda aquella fortuna le resultaba inútil. Así que arrojó su moneda encima de las demás y deseó con todas sus fuerzas que alguien lo sacase del pozo.

David PINTOR y Carlos LÓPEZ

1 ¿Por qué estaba el hombre en el pozo?

- Se tiró a propósito.
- Se cayó.

2 Señala si estas afirmaciones son verdaderas o falsas.

- El hombre se asomó al pozo y vio que estaba lleno de agua.
- Miles de personas habían pedido un deseo antes que él.
- El deseo que pidió el hombre fue hacerse rico.

3 ¿Con qué finalidad se escribió el texto?

- Instruir.
- Entretener.
- Informar.

4 Escribe en cada caso si se produce una comunicación verbal o no verbal.

- Raúl mira a Amanda y da unos golpecitos con el dedo a su reloj.
- Raúl le dice a Amanda: «Ya es la hora».

5 Las palabras **arveja** y **guisante** significan lo mismo en español. ¿En qué continente se utiliza la primera de ellas?

6 Clasifica según sean lenguas o dialectos: **valenciano, euskera, gallego, andaluz** y **catalán**.

- Lenguas → .....
- Dialecto → .....

7 Localiza en el texto un sinónimo de estas palabras.
- anhelo
- riqueza
- profundo

8 Forma el antónimo de estas palabras añadiéndoles un prefijo.

| borrable | cifrar | lógico | sensato |

9 Encuentra en el segundo párrafo una palabra polisílaba.

10 Clasifica estas palabras en agudas, llanas y esdrújulas:
abanico, **Júpiter**, **nube**, **universal**, **cartón** y **cerámica**.

TIENES EL PODER

11 💬 Conversa con un compañero sobre vuestras vivencias en el pueblo de vuestros padres o abuelos.

12 🔊 Escucha y copia en tu cuaderno las palabras del dictado. Después, sepáralas en sílabas.

13 Redacta las normas básicas de comportamiento en un cine.

14 Lee este texto, indica si es literario o no literario y explica por qué.

> Un ratoncito de los tebeos, cansado de vivir entre las páginas de un periódico y deseando cambiar el sabor del papel por el del queso, dio un buen salto y se encontró en el mundo de los ratones de carne y hueso.
>
> Gianni RODARI

2 ¿QUIÉN SABE DÓNDE?

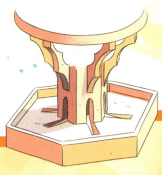

¿Qué temas literarios te sugiere esta imagen?

Titanes, para conseguir vuestra misión os tendréis que replantear muchos temas. ¡Tened iniciativa y poned en práctica vuestras ideas para que se hagan realidad!

¿Cómo indicas con palabras que algo es más pequeño de lo habitual?

¿Qué sensaciones te provoca este paisaje? ¿Qué emociones te despierta?

DESCRIBIR PERSONAS Y ANIMALES

1. Observa las imágenes y responde a estas preguntas.
   - ¿Cuáles son las semejanzas y las diferencias entre ellas?
   - ¿Qué es lo que más te llama la atención de cada animal? ¿Por qué?
   - ¿Con qué palabra definirías a la niña?

2. ¿Qué sentimientos despiertan en ti estos animales? ¿En qué te fijas para describir a un animal o a una persona?

3. ¿Para qué puede servir una descripción? Enumera momentos en los que la utilices.

4 🔊 Escucha la descripción que hizo la madre del príncipe Zuzunaga y anota los datos más importantes.

5 Responde a estas preguntas.
- ¿Qué rasgos físicos del príncipe compara su madre con otros elementos?
- ¿Qué le sucedía al sonreír?
- ¿Qué significa «hacer las delicias de alguien»?
- ¿Cuál fue el primer animal que vio? ¿Por qué le hizo gracia?

6 ¿Qué rasgos de comportamiento tiene el príncipe?

7 ¿Cómo se sentirá la madre al describir a su hijo? ¿Por qué?

Para **describir a una persona o a un animal**, hay que enumerar sus rasgos físicos. En la descripción de personas, se detalla su carácter y su forma de vestir; en la de animales, su comportamiento y alimentación, por ejemplo.

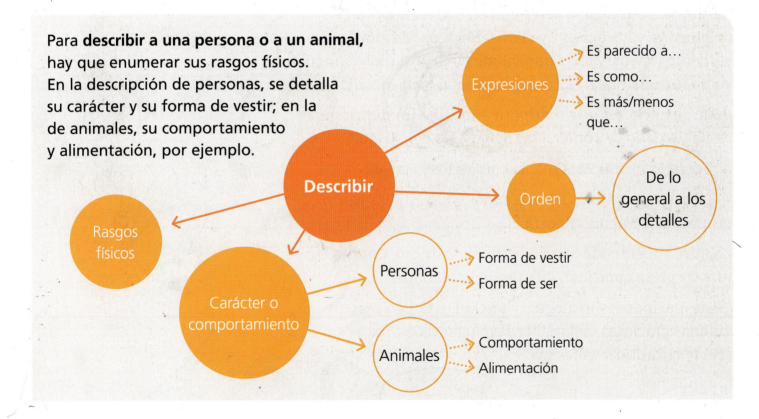

8 Comenta las diferencias entre describir a una persona y a un animal.

9 Descríbete a ti mismo. ¿Con qué animal te compararías? Justifica tu respuesta ante tus compañeros.

La magia de Carlota

- Observa la ilustración. ¿Crees que las mariposas de un cuaderno podrían echar a volar?
- ¿Qué animal te gustaría ser? ¿Por qué?

No me podía creer que me gustara Carlota, la pija. Durante muchos días quedamos a escondidas en el Pino para ir a ver las mariposas. [...]

Poníamos la fruta en el taburete y nos escondíamos detrás del arbusto. Nos cogíamos la mano cuando las veíamos aparecer y, de camino a casa, hablábamos de todo.

Al principio volvíamos directos, pero pronto empezamos a dar rodeos para que el paseo fuera más largo.

Carlota tenía una cara alegre, con la nariz un poco respingona y los ojos muy claros. Era igual de alta que yo y un año mayor, y eso también me empezó a molar, aunque yo no le decía nada, claro. Me lo pasaba bien con ella.

—Me gustaría ser una mariposa —me dijo un día, después de haber dado de comer a las mariposas del bosque.

—¿Tú estás loca? ¿Para qué te coman los pájaros?

—Bueno, a los pájaros los atacan los gatos, y a los gatos, los perros… Eso no importa.

La miré sin entender. Ya no tenía duda de que Carlota era una sorpresa continua. Ella siguió hablando.

—Las mariposas son alegres y vuelan, y tienen esas antenas graciosas en la cabeza en lugar de gorros. ¿No te encantaría volar?

Asentí sin demasiada **convicción.**

—Estoy segura de que, si lo creyéramos de verdad, seríamos capaces de volar. Lo más importante es creerlo. Fíjate en las mariposas: son gusanos, pero terminan volando. Y, si lo creyéramos de verdad, las mariposas que te he dibujado saltarían del cuaderno y echarían a volar. Estoy segurísima.

Carlota abrió los brazos como si fueran alas, se puso de puntillas y comenzó a moverlos de arriba abajo tan rápido como sus músculos se lo permitían. Juro que si la hubiera visto elevarse un solo centímetro me habría dado un patatús.

Pero no se elevó.

—Eso es porque no me lo creo de verdad —concluyó.

—¿Y por qué sabes que no te lo crees de verdad?

—Porque, si realmente lo creyera, treparía a uno de estos pinos y me lanzaría a volar. Si no me atrevo a hacerlo es porque no lo creo de verdad.

Me convenció por completo. Era una explicación perfecta. Me quedé callado, dándole vueltas hasta que ella rompió el silencio.

—Pero sí creo en los ángeles de la guarda. Estoy segura de que el mío es una mariposa y que, aunque no lo vea, siempre está cuidándome.

—¿De eso sí estás segura del todo?

—Sí, mira —dijo, estirando el brazo derecho con el índice extendido. [...]

Yo ya iba a decirle que creer no lo era todo cuando, de repente, una mariposa inmensa, más blanca que lo blanco de un huevo frito muy blanco, se posó suavemente sobre su dedo.

Ella notó sus patitas y abrió los ojos. Nunca había visto a alguien a quien le brillaran tanto.

David FERNÁNDEZ SIFRES
Un intruso en mi cuaderno
Edelvives

Vocabulario

convicción: seguridad.

Después de leer

LOCALIZO

1. Observa las ilustraciones e indica quién es Carlota y cómo lo has sabido.

a   b

2. Completa la oración con las palabras adecuadas.

| por eso | sin embargo | por cierto |

- El niño se sorprende de que le guste Carlota, ... , se hace su amigo.

3. ¿Qué información da Carlota sobre las mariposas? Escribe tres características.

4. Responde a estas preguntas sobre la lectura.
   - ¿Dónde suelen ir los niños?
   - ¿Qué hacen allí?
   - ¿Por qué piensa Carlota que no puede volar?

5. El niño no está de acuerdo con Carlota. Escribe qué opina él de lo que afirma su amiga.

6. Explica cómo demuestra Carlota a su amigo que su ángel de la guarda es una mariposa.

COMPRENDO

7. ¿Qué pensaba el niño al principio de Carlota?

8. Indica en qué párrafo de la lectura se explica cómo va cambiando la relación de los niños con el paso del tiempo.

COMPRENDO

9 Carlota es **persuasiva**. Busca la definición de esta palabra y encuentra dos oraciones que justifican esta afirmación.

10 ¿Por qué se repiten las palabras destacadas?

> [...] una mariposa inmensa, más **blanca** que lo **blanco** de un huevo frito muy **blanco.**

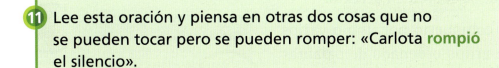

11 Lee esta oración y piensa en otras dos cosas que no se pueden tocar pero se pueden romper: «Carlota **rompió** el silencio».

12 ¿Cómo consigue Carlota que se le pose una mariposa en el dedo? Elige una respuesta o inventa otra.
- Porque Carlota es mágica.
- Porque aún tiene azúcar de la fruta en los dedos.

13 Busca en Internet imágenes sobre cómo cambian las mariposas en su desarrollo y dibújalo para explicarlo.

14 ¿Qué frase hecha resume mejor la idea principal del texto?
- Darle vueltas a las cosas.
- Querer es poder.

RELACIONO

15 ♥ Carlota pone en práctica sus ideas y cree que puede hacerlas realidad.
- ¿Qué características crees que definen su carácter: entusiasmo, valor, ganas de esforzarse…?

16 ♥ Cuando decimos que somos incapaces de hacer algo, perdemos fuerza antes de intentarlo.
- Piensa en algo que crees que se te da mal, ¿cómo te sientes? ¿Te vienen a la cabeza ideas positivas o negativas?

El texto, el párrafo y el enunciado. Las clases de oraciones

El texto, el párrafo y el enunciado

Las personas utilizan el **lenguaje** para comunicarse. Al hacerlo, en lugar de emplear palabras sin más, suelen formar textos (como un aviso, una conversación, un correo electrónico...). Un **texto** es un mensaje completo de carácter **oral o escrito**, que puede ser entendido sin necesidad de más información.

Los textos escritos se suelen dividir en **párrafos**, que se separan entre sí con un punto y aparte. Cada párrafo trata generalmente una idea principal sobre el tema que se aborda en el texto.

A su vez, un párrafo puede estar compuesto por uno o varios **enunciados**. Un enunciado es un grupo ordenado de palabras que presenta un sentido completo. Por ejemplo: *Celebraré mi cumpleaños con una fiesta.*

Los enunciados pueden ser frases u oraciones.

- Las **frases** no tienen verbo: *¡Adiós!*
- Las **oraciones** incluyen un verbo: *Ayer nos fuimos de excursión.*

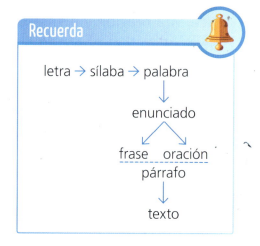

Recuerda

letra → sílaba → palabra
↓
enunciado
↙ ↘
frase   oración
párrafo
↓
texto

Las clases de oraciones

Según la intención del hablante, las oraciones se clasifican en:

Oraciones enunciativas afirmativas	Oraciones enunciativas negativas
Expresan un hecho o una idea de forma afirmativa: *Mi hermana se llama Laura.*	Expresan un hecho o una idea de forma negativa: *Los delfines no son peces.*
Oraciones interrogativas	**Oraciones exclamativas**
Sirven para preguntar: *¿Cómo te fue en el examen?*	Expresan sentimientos, sensaciones o emociones: *¡Qué contento estoy!*
Oraciones imperativas o exhortativas	**Oraciones dubitativas**
Permiten expresar ruegos, órdenes o prohibiciones: *Quédese aquí, por favor.*	Plantean dudas: *Quizá llueva hoy.*

1 Relaciona cada una de estas ilustraciones con un tipo de texto.

2 Señala cuál de estos dos grupos de enunciados forma un texto y añádele un párrafo.

> El murciélago es un mamífero volador. Dejé los zapatos bajo la cama. ¡Venid!

> El sistema solar es el sistema planetario al que pertenece la Tierra.
> Aparte de nuestro planeta, hay otros siete más que giran alrededor del Sol.

3 Copia los enunciados y escribe si son oraciones o frases.

- ¡Socorro!
- los comer durante que nieve
- Vuestra profesora es de Salamanca.

4 Clasifica estas oraciones según su clase.

- ¡Qué bien han jugado!
- Guárdame el turno en la fila.
- Quizá comamos algo en el descanso.
- El partido de baloncesto no ha empezado aún.
- Cada equipo tiene cinco jugadores.
- ¿Te vienes con nosotros?

5 En grupo, escribid las clases de oraciones en distintos papeles e introducidlos en una bolsa. Después, cada miembro del grupo sacará uno y dirá una oración de la clase correspondiente.

Los diminutivos y los aumentativos

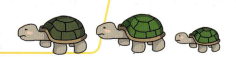

Los **diminutivos** indican un tamaño menor y, a veces, también cariño. Se forman con los sufijos *-ito, -ita, -illo, -illa*. Por ejemplo: *perrito, tortuguilla.*

Los **aumentativos** expresan un tamaño mayor. Se forman con los sufijos *-ón, -ona, -azo, -aza, -ote, -ota*. Por ejemplo: *sorpresón, gataza, muchachote.*

6 Copia estas palabras y rodea sus sufijos. Después, clasifícalas en diminutivos y aumentativos.

- camionazo
- tacita
- besote
- abuelilla
- cartelón
- pinturilla
- barquito
- bocota

7 Sustituye la parte destacada de estas frases por un diminutivo o un aumentativo, según corresponda.

- El trino de un **pájaro pequeño.**
- Trajo una **manzana enorme.**

Las reglas generales de acentuación

La **tilde** se coloca en las palabras de acuerdo con las siguientes reglas:

- Las palabras **agudas** llevan tilde si terminan en **vocal**, en **-n** o en **-s**: *sofá, cajón, autobús.*
- Las palabras **llanas** se escriben con tilde cuando terminan en consonante distinta de **-n** o **-s**: *débil, pícnic.*
- Las palabras **esdrújulas** siempre se escriben con tilde: *túnica, pelícano.*

1 Clasifica estas palabras en agudas, llanas y esdrújulas. Después, explica por qué llevan tilde.

- dátil
- Panamá
- néctar
- allí
- tentáculo
- portón
- película
- récord

2 Copia la palabra correcta de cada pareja.

- póster / poster
- virtud / virtúd
- exámen / examen
- cafe / café

3 Completa en tu cuaderno las palabras de estas oraciones.

- Mi abuelo emigró de joven a B.....lgica.
- Un helic.....ptero trasladó a los heridos.
- Los seres humanos somos mam.....feros.
- El concierto de la banda es este s.....bado.

4 Forma palabras con estos grupos de sílabas y coloca la tilde si es necesario.

- dre e don
- prin pal ci
- su mir re
- qui ma ni

5 Completa en tu cuaderno estas oraciones con palabras de la clase indicada.

- Mortadelo y Filemón son mis personajes de ..... (llana) favoritos.
- La ..... (aguda) de Rusia es Moscú.
- ..... (esdrújula) es el planeta más grande del sistema solar.
- Si tienes dudas, puedes hacerme una ..... (llana).

6 Escribe en tu cuaderno los nombres de estos animales y construye una oración con cada uno de ellos.

7 Forma el plural de estas palabras. Después, inventa un poema con, al menos, dos de ellas.

- crimen
- trébol
- orden

Practica todo

Chocolate

La palabra *chocolate* la trajeron los conquistadores españoles de América. Los indios americanos, los aztecas, llamaban al cacao con el nombre de *kakawatl,* y era considerado una bebida divina que solo podía tomarse en ceremonias especiales. Sus semillas se utilizaban también a veces como moneda de cambio. El chocolate tuvo mucho éxito en Europa, pero durante algún tiempo estuvo prohibido y hubo quien pensó que era pecado tomarlo. Como su sabor puro era bastante amargo, se mezclaba con azúcar y se aromatizaba con vainilla.

Enrique Cuesta
Palabras curiosas
Edelvives

1 💬 Recita o canta con tu compañero un texto oral sobre el chocolate que te sepas de memoria (un poema, una adivinanza, una canción…).

2 Escribe un texto sobre cómo preparar un chocolate caliente.

3 Modifica estas oraciones para que pasen a ser de la clase indicada.

- Tú quieres una chocolatina. → interrogativa
- Tomaré un chocolate para merendar. → dubitativa
- El chocolate es originario de Europa. → enunciativa negativa
- ¿Está sabrosa la tarta? → exclamativa

4 Completa esta tabla en tu cuaderno con las palabras que faltan.

Diminutivo	Palabra	Aumentativo
monedita		
	libro	
		manaza

5 Explica por qué se acentúan las palabras con tilde de estas oraciones.

- El chocolate tuvo mucho éxito en Europa.
- Para que no sepa amargo, al cacao se le añade azúcar y vainilla.
- Alberto pasea con su bebé por la calle.
- Dos libélulas se posaron en el árbol del jardín.

6 Copia estas oraciones sustituyendo los dibujos por palabras.

- El 🐗 chapoteaba en el barro del río.
- Mi abuela se puso un 🪡 para no pincharse al coser.
- Los jardineros regaron el 🌱 anoche.
- Alfonso se bebe un vaso de zumo de 🍋 todos los días.

7 🔊 Escucha y copia el dictado en tu cuaderno.

Los temas de la literatura. El verso y la prosa

Los textos literarios pueden tratar diferentes **temas**, como el amor, la vida, el paso del tiempo, la naturaleza, el poder o el dinero.

Los textos literarios pueden estar escritos en **verso** o en **prosa**.

- En los **textos en verso**, las líneas no ocupan todo el renglón. De esta forma se consigue un ritmo en la lectura. Además, las últimas palabras de cada verso suelen rimar unas con otras. Los poemas son un ejemplo de textos en verso.

- En los **textos en prosa**, las líneas ocupan todo el renglón. Suelen ser textos más largos, como los cuentos o las novelas.

> **Amplía**
>
> A final del libro puedes ampliar tus conocimientos sobre **el ritmo, la rima** y **la medida de los versos**.

1 Indica los temas que tratan estos textos literarios y copia en tu cuaderno las palabras más importantes de cada uno.

Maldito dinero,
ni vivir sin él,
grueso billetero,
ni vivir con él.

Tic tac del reloj,
paso a paso pasa,
el tiempo no espera
y todo lo arrasa.

Preso de tus ojos,
brillo seductor,
vivo en tu mirada
preso de tu amor.

2 Lee estos dos textos con el ritmo y la entonación adecuados.

El corazón le palpitaba acelerado y sus piernas querían avanzar, pero él caminaba a duras penas montaña arriba, muy despacio y con pesadez. Xía Tenzin era un joven corpulento y, sobre todo, alto: creció hasta los dieciséis años como cualquier chico de su edad, pero a causa de una enfermedad siguió creciendo más y más, como el bambú, hasta que llegó a alcanzar los 2,40 metros.

Aunque caminaba a duras penas, despacio y con pesadez, por fin llegó al paso de Bayankala, que se encontraba a unos 4 500 metros de altitud. El sol derretía el hielo y el fuerte viento levantaba pequeñas partículas formando una fina lluvia de cristal. Completamente blanco, el viajero parecía un gigantesco muñeco de nieve andante.

Patxi Zubizarreta
El maravilloso viaje de Xía Tenzin
Edelvives

¿Tienen los viejos olmos
algunas hojas nuevas?

Aún las acacias estarán desnudas
y nevados los montes de las sierras.

¡Oh mole del Moncayo blanca y rosa,
allá, en el cielo de Aragón, tan bella!

Antonio MACHADO

3 Analiza la forma de los textos anteriores y explica cuál está escrito en verso y cuál está en prosa.

4 ¿Qué tema tienen en común ambos textos? Escribe las palabras que relacionarías con ese tema.

5 Recita el siguiente poema marcando el ritmo con las manos. Después, cántalo a ritmo de rap.

Cerca de unos prados
que hay en mi lugar,
pasaba un borrico
por casualidad.

Una flauta en ellos
halló que un **zagal**
se dejó olvidada
por casualidad.

Acercose a olerla
el dicho animal,
y dio un resoplido
por casualidad.

En la flauta el aire
se hubo de colar,
y sonó la flauta
por casualidad.

¡Oh!, dijo el borrico,
¡qué bien sé tocar!
¡Y dirán que es mala
la música asnal!

Sin reglas del arte,
borriquitos hay
que una vez aciertan
por casualidad.

Tomás DE IRIARTE

RINCÓN CREATIVO

6 Convierte el poema anterior en un texto en prosa.

7 Lee en voz alta el texto que has escrito y responde.

- ¿Cómo has escrito los renglones? ¿Por qué?
- ¿Riman las últimas palabras de cada renglón? Razónalo.
- ¿Tiene un ritmo parecido al poema? ¿A qué se debe?

Vocabulario

zagal: joven.

LA DESCRIPCIÓN

La **descripción** es una **representación mediante palabras** de los rasgos y las características de una persona, un animal, un lugar, un objeto…

Para describir a una **persona,** hay que tener en cuenta sus rasgos físicos, su forma de vestir y su carácter. De un **animal** se describen sus rasgos y su comportamiento. Si se trata de un **objeto,** se enumeran sus características (tamaño, forma, color…), las partes que lo componen y sus usos. Al describir un **lugar,** hay que seguir un orden: de izquierda a derecha, por ejemplo.

1 ¿Cómo describirías el lugar en el que vives?

2 Lee atentamente la siguiente descripción.

Doñana

El Espacio Natural de Doñana, constituido por el Parque Nacional y el Parque Natural de Doñana, está considerado como una de las zonas protegidas más importantes de Europa. La extensión del Parque Nacional, que se extiende por las provincias de Huelva y Sevilla, es de 54 251,65 ha, y la del Parque Natural, que añade a las provincias anteriores la de Cádiz, de 68 236,4 ha. La aldea de El Rocío se encuentra al lado del Parque Nacional.

Por su situación a caballo entre los continentes africano y europeo, es un lugar de confluencia para las aves migratorias, donde se da cobijo a numerosas especies en peligro de extinción.

En este espacio de tierras llanas, conviven principalmente dos ecosistemas: los bosques de matorral mediterráneo y de pino piñonero, y las extensas marismas, terrenos pantanosos inundables que se secan en verano y sirven de paraje de encuentro para las aves acuáticas.

ANALIZO

Hay descripciones en textos literarios y no literarios.

3 Reflexiona acerca del texto.
- ¿Cuántos párrafos tiene el texto? ¿A qué se dedica cada uno?
- ¿En qué orden se describe este lugar?

4 Vuelve a leer el texto y responde.
- ¿A quién se dirige este texto?
- ¿La información se presenta de forma positiva? ¿Por qué?

UNIDAD 2 47

Escribe la descripción de un familiar o de un vecino.

PLANIFICO

5 **En primer lugar, organiza tus ideas.**

- Piensa en la persona a la que vas a describir: su nombre, su edad…
- ¿Qué características físicas tiene: estatura, rostro, cabello…?
- ¿Cómo le gusta vestir?
- ¿Qué carácter tiene?

Puedes tomar como modelo este mapa conceptual y escribir, a partir de él, un guion.

REDACTO

6 Elabora un borrador con los datos de tu guion.

7 Redacta la descripción aplicando las indicaciones de la derecha. No olvides cuidar la ortografía y la presentación.

Mejora tu redacción

En las descripciones, igual que en otros tipos de textos, es muy importante la **organización.** Para conseguirla, puedes:

- Distribuir el texto de forma correcta en el papel, dejando **márgenes** por todos los lados.
- Dejar una **separación** adecuada entre el título y el resto.
- Utilizar el punto y aparte para dividir el texto en **párrafos.** Cada párrafo debe dedicarse a un aspecto distinto del texto.

REVISO

8 Relee tu texto y valora en tu cuaderno estos puntos para evaluar tu progreso.

9 Intercambia tu texto con un compañero y valora su trabajo.

Caligrafía	¿Se entiende la letra?
Ortografía	¿Has cometido alguna falta? Corrígela.
Estructura y redacción	¿El título es adecuado al texto?
	¿Has distinguido los rasgos físicos del carácter?
	¿Están separados convenientemente los párrafos?
Presentación	¿Has respetado los márgenes?
	¿Has separado correctamente el título del resto?

¡INOLVIDABLE!

El dedo gordo

Érase una mano estupenda, una mano delicada, con los dedos largos y huesudos. Estaban un día el dedo gordo y el índice hablando tranquilamente, y el gordo presumía:

—Mira, chico, yo valgo para cosas más interesantes que tú. Por ejemplo, la gente cuando gana pone el pulgar hacia arriba.

Y el índice le contestaba:

—Lo que tú quieras, pero sin mí no pueden señalar, con el gordo no pueden indicar ese o ese.

Y el gordo seguía:

—Tonterías, cosas sin importancia, fíjate si yo soy imprescindible, que soy la huella única y personal que se estampa en el carné de identidad.

Y el índice atacaba:

—Vale, pero solo moviéndome a mí a izquierda y derecha, se puede decir que no sin palabras.

Victoria BERMEJO

1 Señala si estas afirmaciones son verdaderas o falsas.
- Los dedos pertenecen a manos distintas.
- El dedo gordo se considera a sí mismo más importante.
- El índice está de acuerdo con el gordo.

2 Relaciona las acciones con el dedo que las realiza.

Indicar una victoria.
Marcar la huella digital.   • Pulgar
Señalar.   • Índice
Negar.

3 Copia las opciones correctas.
- Se trata de un texto literario / no literario.
- Está escrito en verso / prosa.

4 Indica si estos grupos de palabras son frases u oraciones.
- ¡Vale!   • Soy la huella única y personal.

5 ¿Qué tipo de oración es la siguiente?
- Siéntese a mi lado, por favor.

6 Separa los sufijos de estas palabras.

- mochilita
- grandote
- sombrerazo
- calorcillo
- naricilla
- maletón

7 Clasifica las palabras de la actividad anterior en diminutivos y aumentativos.

8 Completa las reglas de acentuación.

- Las ….. llevan tilde si acaban en ….., *-n* o *-s.*
- Las palabras ….. llevan tilde si acaban en consonante distinta de *-n* o …...
- Las palabras ….. siempre llevan tilde.

9 Añade la tilde a las palabras que lo necesiten: **esparrago, parchis, Zaragoza** y **crater.**

10 Clasifica las palabras anteriores en agudas, llanas y esdrújulas.

TIENES EL PODER

11 💬 Piensa en algún conocido tuyo que tenga un animal de compañía. Describe a esa persona y a su mascota.

12 🔊 Escucha y copia el dictado en tu cuaderno.

13 Traed a clase imágenes de objetos y repartidlas. Escribid la descripción del objeto que os haya tocado.

14 Lee con atención este texto de Wendy Orr. Luego, di de qué tema trata y si está escrito en prosa o en verso.

> En el colegio, Sofía procuraba no oír lo que sus compañeros contaban sobre visitas al zoo con los abuelos, comidas en el campo con los tíos o batallas de almohadas con los primos. Ella no podía hacerlo.

3 ¡NO ME DIGAS!

¿Eres valiente a la hora de tomar decisiones?

Para la fundación de vuestra ciudad, tendréis que tomar importantes decisiones, algunas impulsadas por noticias u otras informaciones, y otras complicadas, parecidas a adivinanzas y acertijos. ¡Ánimo, titanes!

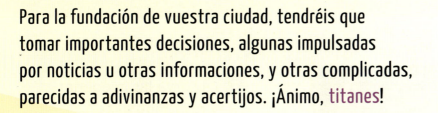

¿Qué noticias te gustaría leer en la prensa?

¿Cuál es la palabra más larga del mundo? ¿Por qué?

NARRAR UNA ANÉCDOTA

1. Observa las imágenes y responde a las preguntas.
   - ¿Qué está haciendo la niña de la foto?
   - ¿Te parece curiosa la imagen de la mariposa? ¿Por qué?
   - Describe lo que ocurre en la calle.

2. ¿Cuál de estos acontecimientos le contarías a un amigo? ¿Por qué?

3. ¿Cómo tiene que ser un suceso para considerarlo una anécdota? ¿Para qué se cuentan las anécdotas?

UNIDAD 3 / 53

4 🔊 Escucha el relato de la curiosa experiencia de Verónica. Anota los datos más importantes.

5 Responde a estas preguntas.
- ¿Qué significa la palabra *ovni*?
- ¿Cómo volaba? ¿Qué dirección llevaba?
- ¿Qué significa la expresión «quedarse helado»?
- ¿Por qué no creyeron a Verónica sus padres?

6 ¿Cómo crees que se siente Verónica? ¿Por qué?

7 Resume oralmente su anécdota.

Para **narrar una anécdota**, hay que contar de forma ordenada y detallada una experiencia curiosa, divertida o interesante que haya sucedido.

Narrar una anécdota
- Orden
- Experiencias: Interesantes / Curiosas / Divertidas
- Expresiones:
  - Al principio / después / al final…
  - Lo más gracioso/impresionante…
  - Fue divertido/interesante…

8 Busca información sobre el cuento *Pedro y el lobo* y dramatízalo con un compañero delante de la clase. ¿Qué relación tiene con la anécdota de Verónica?

9 Haz memoria e intenta recordar la anécdota más curiosa que te haya sucedido a ti o a alguien cercano. Luego, nárrala ante tus compañeros.

Mi abuela es tremenda

- Observa la ilustración. ¿Qué crees que está haciendo la señora?
- ¿Qué anécdota sueles contar a tus amigos para hacerles reír?

Mi abuela Vladimira era tremenda: vivía sola en una casa situada en lo alto de un **cerro,** en las afueras del pueblo. Casi siempre estaba haciendo cosas raras, cosas que no hacían otras abuelas. Como equilibrista, era capaz de sostener durante mucho tiempo el palo de la escoba sobre la punta de la nariz. O hacía el pino ante la fachada de su casa. Y, claro, al hacer el pino, los faldones caían sobre su cabeza dejando al descubierto las interioridades.

—Abuela, que se te ve todo —le decíamos los nietos escandalizados.

—Si se ve, que se vea —decía ella, sin que le importara.

Otras veces saltaba de manera incansable a la comba mientras cantaba canciones que la ayudaban a marcar el ritmo.

—¿Qué haces, abuela?

—Hay que estar en forma —decía—, cuando dejas de estar en forma, se te atrofia la cabeza. [...]

Todo lo había aprendido de niña y las cosas que se aprenden de niña no deben olvidarse, decía. Lo cierto es que, a pesar de sus rarezas, la abuela era una gran equilibrista.

Una vez fue a protestar al ayuntamiento. No quería que los empleados municipales pusieran número a la casa del cerro donde vivía.

Vocabulario

cerro: elevación del terreno de menor altura que el monte y la montaña.

—Cada casa tiene que estar clasificada para poder distinguirla de las otras casas —le decían los empleados.

—La mía es la Casa del Cerro. ¡Y es la única!

—En todo caso, nosotros somos unos simples empleados que cumplimos órdenes —dijeron ellos.

—¡Unos simples empleados!

—Hable con el alcalde si no quiere que le pongan número.

Y la abuela fue al ayuntamiento a hablar con el alcalde que tenía el despacho en el primer piso. Al llegar a la puerta subió las escaleras haciendo el pino. Un tramo de catorce escalones. Menudo revuelo se armó. El alguacil avisó al alcalde, que salió de su despacho y vio cómo ascendía los últimos peldaños con los pies hacia arriba y la cabeza hacia abajo. Menos mal que en aquella ocasión la abuela se había puesto los viejos pantalones del abuelo y no enseñaba nada.

—Pero, señora, no sea loca, que se puede romper la crisma. Póngase de pie, le dijo el alcalde.

Cuando la abuela llegó al descansillo del primer piso, se puso de pie.

—De mi salud me cuido yo. He subido haciendo el pino para protestar. No quiero que pongan número a mi casa. Una casa con número es una casa clasificada como esos animales que llevan al matadero. Pido un respeto porque mi casa es una casa de artistas, es decir, una casa especial.

Finalmente, el alcalde tomó en consideración la protesta de la abuela y les dijo a los empleados que pusieran «Casa del Circo de las Arañas, sin número».

Ignacio SANZ MARTÍN
El diente de oro de la abuela Vladimira
Edelvives

Después de leer

LOCALIZO

1. Indica tres cosas que hace la abuela que les parecen raras a sus nietos.

2. ¿Qué opina la abuela de las personas que no hacen ejercicio? Escríbelo con tus propias palabras.

3. El nieto cuenta una anécdota de su abuela. Ordena las viñetas para explicar lo que sucedió.

a

b

c

4. La abuela no quiere que pongan número a su casa. Escribe la razón que da a cada una de estas personas.
   - A los empleados del ayuntamiento.
   - Al alcalde.

5. ¿En qué momento de la historia los nietos se sienten aliviados al ver cómo va vestida la abuela?

COMPRENDO

6. ¿Cómo crees que es la abuela? Justifica tu respuesta.
   - Es respondona.
   - Es luchadora.
   - Es atlética.

7. Relee esta parte del texto y escribe cinco cosas que, en tu opinión, no deberías olvidar.

   > Todo lo había aprendido de niña y las cosas que se aprenden de niña no deben olvidarse.

8. Escribe una oración en la que aparezca la palabra **cerro.**

COMPRENDO

9 ¿Con qué compara la abuela las casas con número? ¿Por qué lo hace? ¿Cómo se siente?

10 ¿Qué pasaría si todos los habitantes del pueblo pensaran como la abuela? ¿Quiénes no podrían hacer su trabajo?

11 Cuando la abuela subió las escaleras del ayuntamiento, «se armó un revuelo». Describe la situación como si tú hubieras estado allí.

12 Inventa una forma de protestar aún más original que la de la abuela.

13 Imagina el pasado de la abuela: qué personas trabajaban con ella, quiénes podían ser y qué hacían en sus espectáculos.

14 Indica qué definición de **alguacil** puede ser verdadera. Ten en cuenta el resto de palabras de la oración.

   a. Empleado que coloca avisos, ordena el correo y vigila algunos lugares de la localidad.

   b. Empleado que barre las estancias y ayuda a rescatar personas.

RELACIONO

15 ♥ La abuela no está de acuerdo con las órdenes del alcalde y expone su opinión con decisión y firmeza.

   • Debate con tus compañeros si su comportamiento es adecuado y en qué situaciones actuaríais como ella.

16 ♥ La abuela no expresa su enfado al alcalde, sino que prefiere buscar una forma ingeniosa de protestar.

   • ¿Crees que dejarse llevar por sentimientos negativos nos impide pensar mejor? Cuenta a tu compañero una anécdota en la que resolvieras un problema sin enfadarte.

El sujeto y el predicado. Los elementos del sujeto

El sujeto y el predicado

En las oraciones se distinguen dos partes: el **sujeto** y el **predicado**.

Los primeros **corredores** **llegan** a la meta.
(Sujeto) (Predicado)

- Es la persona, animal o cosa que realiza la acción o de la que se dice algo en la oración.
- Su **núcleo (N)** o palabra más importante es un nombre o un pronombre.
- Puede estar al inicio, en el medio o al final de la oración.

- Es lo que se dice del sujeto de la oración.
- Su **núcleo (N)** es un verbo.
- El núcleo del predicado concuerda con el del sujeto en número y persona.

En algunas oraciones, el sujeto no aparece porque ya se conoce. En estos casos se denomina **sujeto omitido (SO)**.

Mañana **iré** al cine con mi primo Óscar. → **SO:** yo

Los elementos del sujeto

Las palabras del sujeto de una oración forman un grupo nominal.

Un **grupo nominal (GN)** es un conjunto de palabras que tiene como núcleo un nombre o un pronombre. Por ejemplo:

los alumnos   un gato enorme   nosotras

Cuando el núcleo de un GN es un nombre, este puede aparecer acompañado por un **determinante (Det.)** y uno o varios **complementos (Comp.)**.

El **determinante** precisa el núcleo.

esas pinturas rojas

Los **complementos** describen el núcleo.

1 Une en tu cuaderno y forma oraciones.

Ricardo • • salieron al patio.
Los alumnos • • eres muy amable.
Tú • • estudia japonés.

2 Copia las oraciones y diferencia el sujeto del predicado. Después, rodea sus núcleos y comprueba que concuerdan.

- Los perezosos duermen en los árboles.
- Ayer llegó mi tío a Alemania.
- Allí están los platos de porcelana.

3 Representa una acción con un dibujo. Tu compañero deberá expresarla en una oración e indicar su sujeto y su predicado.

4 Escribe en tu cuaderno el sujeto omitido de estas oraciones.

- Le regalé un ramo de rosas por su aniversario.
- En el teatro nos lo pasamos muy bien.

5 Copia los conjuntos de palabras que sean grupos nominales y rodea sus núcleos.

- los barrenderos
- subimos rápido
- el caballo gris

6 Forma grupos nominales con estas palabras.

- Determinantes: los, estas, tu
- Núcleos: juguete, coches, faldas
- Complementos: floreadas, veloces, preferido

El diptongo

Un **diptongo** es la **unión de dos vocales** que se pronuncian en la misma sílaba: *a-nun-cio.* Se puede formar de dos maneras:

- Con dos vocales cerradas distintas: *tr**iu**n-fo, h**ui**-da*.
- Con una vocal abierta y otra cerrada, o viceversa: *E**u**-ro-pa, v**ie**-jo*. En estos casos, la vocal abierta se pronuncia con más fuerza.

Recuerda
- *i, u* son vocales cerradas.
- *a, e, o* son vocales abiertas.

7 Separa estas palabras en sílabas y rodea las vocales que formen diptongos.

- buitre
- grueso
- persiana
- restaurante
- asteroide
- viento

8 Señala qué tipo de vocales forman los diptongos anteriores y cuál se pronuncia más fuerte en cada uno.

9 Escribe el nombre del instrumento musical que incluya un diptongo.

Las palabras derivadas. Las familias de palabras

Las **palabras derivadas** se forman a partir de otras, llamadas *primitivas,* a las que se les añade un prefijo o un sufijo, por ejemplo: *desorden* y *ordenar* son dos palabras derivadas que provienen de la palabra primitiva *orden*.

Prefijo	Palabra primitiva	Sufijo	Palabra derivada
des- +	orden		**des**orden
	orden	+ -ar	orden**ar**

Una **familia de palabras** está formada por todas aquellas que proceden de una misma palabra primitiva. Por ejemplo, la familia de *agua* incluye, entre otros, los términos *aguacero, desaguar…*

1 Relaciona en tu cuaderno cada palabra derivada con su primitiva.

Palabras derivadas   Palabras primitivas

alero	vaca
humanidad	zapato
amasar	ala
vaquero	humano
zapatería	masa

2 Copia las palabras que sean derivadas de **amor** y rodea sus prefijos y sufijos.

- amorío
- álamo
- cariño
- enamorado
- amoroso
- desamor

3 Completa estas oraciones con palabras derivadas de las que se indican.

- Beatriz salió de la ducha y se recogió el pelo en una ..... (cola).
- Los niños pasaron frío porque iban ..... (abrigo).
- El acero es un material de gran ..... (duro).
- Me encanta la fragancia ..... (fruta) de este perfume.

4 Escribe los nombres que corresponden a estas imágenes y agrúpalos según la familia de palabras a la que pertenezcan.

5 Añade a cada una de estas series de palabras dos más de la misma familia.

- mar, marea, marítimo
- silla, silletazo, ensillar
- pata, patada, patalear
- casa, casero, caseta

6 Por grupos, escribid el mayor número de palabras que conozcáis que formen parte de las familias de **amigo, libro** y **ojo.**

Practica todo

1. Subraya con distinto color el sujeto y el predicado de esta oración. Después, sustituye el primero por un grupo nominal que incluya un determinante.

   • Ellos trabajarán por nosotros en el futuro.

2. Corrige en estas oraciones los errores de concordancia entre el núcleo del sujeto y el del predicado.

   • Mis tíos vio un tiburón en el mar.

   • ¿Tú tengo el último disco de Frank?

3. Completa en tu cuaderno estas palabras con las vocales que faltan. Después, rodea las que formen diptongos.

   • conc.....rto   • m.....stra   • c.....dadoso

4. Encuentra la palabra de esta serie que no forme parte de la misma familia y sustitúyela por otra que sí lo haga.

   | peliagudo | peligrar | peligrosidad | peligro |

5. 🔊 Escucha y copia el dictado en tu cuaderno.

ANÁLISIS

El **buque atracó** en el muelle. → **buque**: núcleo del GN sujeto.
  S   P   **atracó**: núcleo del predicado.

6. Analiza esta oración en tu cuaderno.

   • En la sabana viven las gacelas.

Los recursos literarios I

En los textos literarios se utiliza un lenguaje especial para expresar emociones y sentimientos, y para estimular la imaginación del lector. Una forma de conseguirlo es mediante los **recursos literarios,** como la hipérbole o los juegos de palabras.

- La **hipérbole** consiste en utilizar una exageración para destacar un hecho o una cualidad, por ejemplo: *Tania estaba tan cansada que no podía dar un paso más.*

- Los **juegos de palabras** consiguen sorprender al lector con creaciones curiosas, en las que se hacen variaciones con palabras, sílabas o sonidos, como las onomatopeyas. Por ejemplo, Galdós escribió: *¿Conque dice que es conde? Querrá decir que esconde algo...*

1 Lee este texto y explica qué recurso literario se ha empleado.

> Era mi dolor tan alto
> que la puerta de la casa
> de donde salí llorando
> me llegaba a la cintura.
>
> ¡Qué pequeños resultaban los
> hombres que iban conmigo!
>
> Manuel Altolaguirre

2 Lee estas adivinanzas e indica cuáles contienen juegos de palabras. Luego, explícalos.

Una vez en un minuto,
dos veces en un momento,
tres veces en mimetismo,
y en cuatro, ¡no la encuentro!

Blanco por dentro,
verde por fuera;
si quieres que te lo diga,
espera.

Por un caminito adelante
va caminando un bicho,
y el nombre de ese bicho
ya te lo he dicho.

Viste de chaleco blanco
y también de negro frac,
es un ave que no vuela
pero nada. ¿Qué será?

www.adivinanzasparaninos.es

UNIDAD 3 | 63

3. Recita este poema y explica el juego de palabras.

Tipi tape, tipi tape,
tipi tape, tipitón;
tipi tape, zapa zapa,
zapatero remendón.

Tipi tape todo el día
todo el año tipitón;
tipi tape, macha macha,
machacando en tu rincón.

Tipi tape en tu banqueta,
tipi tape, tipitón,
tipitón con tu martillo
macha macha machacón.

¡Ay, tus suelas, zapa, zapa,
zapatero remendón!
¡Ay, tus suelas, tipi tape,
duran menos que el cartón!

Germán Berdiales

4. Canta el poema de la actividad anterior acompañándolo de ritmo y del movimiento de los brazos. Después, inventa con tus compañeros unos pasos de baile sencillos.

5. Crea hipérboles a partir de estas palabras.

- Si no fueras mi amigo…
- Mi suerte es tal…
- Con mi sonrisa consigo…
- Su pena era tan profunda…

6. Relaciona para crear poemas con juegos de palabras.

Vale, vale… •   • … mira lejos a su amor.
Quien barre… •   • … valeroso caballero.
Mira mira… •   • … va recorriendo el mundo entero.

7. Completa el poema con estas palabras para formar hipérboles y juegos de palabras.

El gato ….., de nombre …..,
tenía los bigotes tan …..
que con uno se fabricó
una caña y el hilo de ….. .

Sebastián
mojigato
pescar
largos

RINCÓN CREATIVO

8. Inventa un poema como el anterior utilizando hipérboles y juegos de palabras.

LA NOTICIA

Una **noticia** es un texto que **informa** de un acontecimiento de interés ocurrido recientemente. En la noticia se cuenta **qué** hecho sucedió, a **quién** le ocurrió, **cuándo** pasó y **dónde** tuvo lugar.

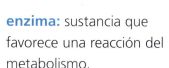

Vocabulario

enzima: sustancia que favorece una reacción del metabolismo.

fago: virus que infecta las bacterias.

1 💬 Piensa en la última noticia que has leído. ¿Por qué crees que un hecho se convierte en noticia?

2 Lee atentamente la siguiente noticia y fíjate en sus partes.

Entradilla: breve resumen de la noticia.

Titular: frase atractiva para captar la atención del lector.

Cuerpo de la noticia: exposición de los detalles.

Diario Noticias A Punto   Miércoles, 3 de octubre del 2018

Frances Arnold logra el Premio Nobel de Química

Segundo Nobel de Ciencias ganado por una mujer este año.

Frances H. Arnold, química norteamericana, se ha anunciado hoy como la ganadora de una parte del galardón del Nobel de Química de este año por su trabajo en la evolución de las **enzimas.**

Los otros premiados son George P. Smith y *sir* Gregory P. Winter, quienes han conseguido el reconocimiento por la presentación de **fagos.**

Así, Frances Arnold se convierte en la quinta mujer en lograr el Premio Nobel de Química tras Marie Curie (1911), Irène Joliot-Curie (1935), Dorothy Crowfoot Hodgkin (1964) y Ada E. Yonath (2009).

Los premios se entregarán el 10 de diciembre en una doble ceremonia que se celebrará en Estocolmo y Oslo.

ANALIZO

El autor de una noticia no debe dar su opinión, sino relatar los hechos con objetividad.

3 Observa la noticia y contesta.
- ¿Qué es lo que más destaca?
- ¿Cuál es la parte más extensa? ¿Cómo está organizada?
- ¿Crees que el texto de la entradilla es muy largo? ¿Por qué?

4 Vuelve a leer el texto y responde.
- ¿De qué hecho informa la noticia?
- ¿Cuándo pasó? ¿Dónde y en qué fecha se celebró la ceremonia?
- ¿Dónde aparece la noticia? ¿Quién la leerá?
- ¿El periodista escribe su opinión? ¿Por qué?

UNIDAD 3 / 65

Escribe la noticia de algo que haya ocurrido en tu clase durante este curso.

PLANIFICO

5 En primer lugar, organiza tus ideas.

- Elige la noticia que vas a contar.
- Identifica los datos que responden a las preguntas qué, quién, dónde y cuándo.
- ¿Cómo lo resumirías? Escribe una frase breve para atraer al lector.
- ¿Qué imagen ayudaría a entender la noticia?

Puedes tomar como modelo este mapa conceptual.

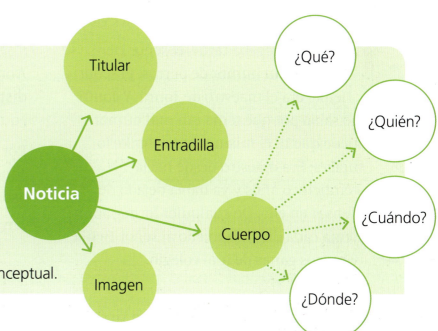

REDACTO

6 Elabora un borrador con los datos de tu guion.

Mejora tu redacción

- En las noticias, hay que utilizar un **lenguaje respetuoso** para evitar los prejuicios y la discriminación.
- No se deben utilizar **términos ofensivos** hacia la raza, la nacionalidad, la cultura o el grupo social de las personas.

7 Redacta la noticia teniendo en cuenta tu planificación. Cuida la ortografía y la presentación.

REVISO

8 Relee tu texto y valora en tu cuaderno estos puntos para evaluar tu progreso.

9 Lee la noticia de tu compañero y valórala en comparación con la tuya.

Caligrafía	¿Se entiende la letra?
Ortografía	¿Hay faltas? Corrígelas.
Estructura y redacción	¿Aparecen todos los elementos de la noticia?
	¿Has utilizado un lenguaje respetuoso?
Presentación	¿El titular invita a leer la noticia?
	¿La entradilla se distingue y resume la noticia?
	¿Has añadido alguna imagen?

¡INOLVIDABLE!

Jonni se había entretenido un poco en el camino al colegio. La verdad es que cada día se entretenía un poco más. No podía evitarlo.

Cuando llegaba tarde, el señor Henke se ponía de un humor de perros. El señor Henke era el maestro de Jonni. Y Jonni no sabía por qué tenía tan mal humor. Puede que ni el mismo señor Henke lo supiera. Era maestro desde hacía veinticinco años y ya había dejado de pensar en ello. De cualquier forma, Jonni tenía cada día más miedo al señor Henke y menos ganas de ir al colegio.

Al pasar junto al gran reloj que estaba al lado del supermercado, abrió los ojos muchísimo, asustado. ¡Ay, las ocho menos tres minutos! ¡Tenía que darse mucha prisa! [...]

Abrió con cuidado la puerta de la clase y se dispuso a ir de puntillas hasta su sitio, pero ¿qué era aquello que veía?

Por segunda vez en aquella mañana, Jonni abrió los ojos muchísimo, asombrado.

—¡Diablos! ¡Piratas! —murmuró.

Cornelia FRANZ

1 Copia las afirmaciones correctas en tu cuaderno.
- Jonni iba al colegio cada día con más ganas.
- La clase de Jonni comenzaba a las ocho.
- El señor Henke era un profesor novato.

2 Localiza en el texto estas expresiones y selecciona su significado correcto.
- «Tener un humor de perros»: expresa que alguien está muy enfadado / ladra y gruñe.
- «Abrir los ojos muchísimo»: indica que alguien no ve bien / está asombrado.

3 ¿Cuál es el tema del texto?
- Las vivencias del colegial Jonni.
- El naufragio de unos piratas.

4 Copia estas oraciones y subraya el sujeto con color rojo y el predicado con color azul. Después, rodea el núcleo de cada uno.
- El joven Jonni temía al señor Henke.
- El maestro regañaba a los impuntuales.
- Ese día, el estudiante llegaba tarde a clase.
- Jonni alucinó en el aula.

5 Localiza esta oración en el texto e indica cuál es el sujeto.

- Abrió con cuidado la puerta de la clase.

6 Completa estos grupos nominales.

- nuestros mejor..... compañer.....
- un..... huella misterios.....

7 Clasifica en tu cuaderno las palabras de la actividad anterior en determinantes, núcleos y complementos.

8 Copia las palabras de esta oración que contengan un diptongo y rodéalos.

- El viernes, la abuela irá a ver a su nuevo nieto.

9 Busca en el texto las palabras primitivas de **miedoso, relojero, ojeras** y **caminata** y cópialas.

10 ¿Qué palabras pertenecen a familia de **pelo**?

| piel | peluquería | cabellera | peluca |

TIENES EL PODER

11 Pídele a un familiar que te narre una anécdota de su juventud. Después, cuéntasela a un compañero.

12 Escucha y copia el dictado en tu cuaderno.

13 Escribe la noticia de algún hecho destacado sucedido en tu barrio. Ilústrala con una imagen relacionada.

14 Lee el texto del margen. Indica si está escrito en verso o en prosa y explica qué recurso literario contiene.

—Señor, cómpreme coco.

—Yo no compro coco porque como poco coco, y como poco coco como poco coco compro.

Pedro CERRILLO

4 ¡SABOR A LA VIDA!

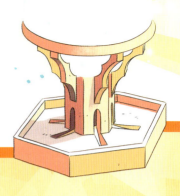

¿Has preparado alguna vez un plato original? ¿Cómo lo hiciste?

En la ciudad habrá unas normas que deberán acatar todos sus ciudadanos. Pero la originalidad también estará presente en aspectos como la gastronomía, porque hay gustos para todo. ¿Elaboraréis vuestra propia dieta saludable?

Cuando juegas a algo, ¿cuál es tu objetivo?

¿Con qué comparas alguno de estos edificios?

EXPLICAR UNA RECETA DE COCINA

1. Observa las imágenes y responde.
   - ¿Conoces el nombre de todos estos utensilios de cocina? Nómbralos.
   - ¿Para qué crees que sirve la masa que están preparando?
   - ¿Qué está haciendo la familia?

2. Algunas ocasiones especiales se celebran alrededor de una mesa repleta de deliciosa comida. ¿Recuerdas alguna experiencia similar?

3. ¿Para qué sirven las recetas de cocina? ¿Crees que son necesarias siempre que se cocina algo? ¿Por qué?

4 🔊 Escucha esta receta y realiza las anotaciones que creas necesarias.

5 Responde a estas preguntas.
- ¿En cuántas partes está dividida la receta de Alicia? ¿Cuántos pasos tiene cada una?
- ¿Qué significa el verbo *sofreír*?
- ¿Por qué crees que es necesaria una cuchara de madera?
- ¿En cuánto tiempo se cuecen aproximadamente los espaguetis?
- ¿Cuántos ingredientes se necesitan?

6 ¿Por qué crees que Alicia ha dividido la receta en partes? ¿Es necesario seguir ese orden? ¿Por qué?

7 Memoriza los pasos de esta receta y exponlos en clase.

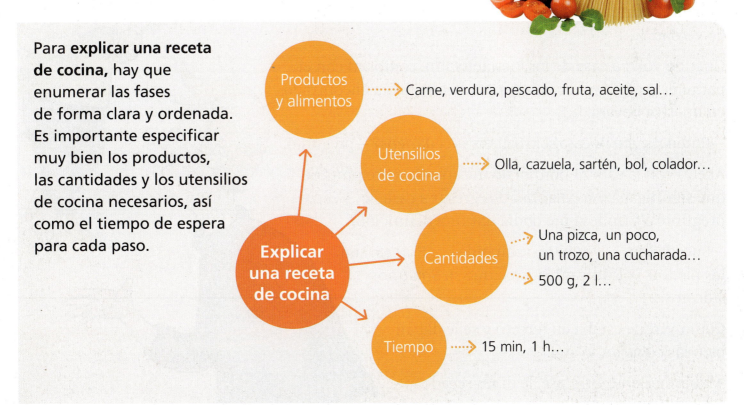

Para **explicar una receta de cocina,** hay que enumerar las fases de forma clara y ordenada. Es importante especificar muy bien los productos, las cantidades y los utensilios de cocina necesarios, así como el tiempo de espera para cada paso.

Explicar una receta de cocina
- Productos y alimentos → Carne, verdura, pescado, fruta, aceite, sal…
- Utensilios de cocina → Olla, cazuela, sartén, bol, colador…
- Cantidades → Una pizca, un poco, un trozo, una cucharada… / 500 g, 2 l…
- Tiempo → 15 min, 1 h…

8 ¿Qué verbos suelen emplearse en las recetas? Pon ejemplos.

9 Por parejas, buscad en Internet un receta de cocina fácil e inventad una canción en la que se expliquen los pasos.

¡De menú: piedras volcánicas!

- Lee nuevamente el título, ¿de qué crees que puede tratar este texto?
- ¿Piensas que la comida casera es más sana que la que se compra empaquetada? ¿Cuál prefieres?

Pasé revista a los alimentos con los que contábamos en casa.

—No encontrarás nada apetecible. ¡Solo están las porquerías de costumbre y unas manzanas! —exclamó Desmond.

Se refería a los patés de lata, al jamón demasiado rosa y lleno de agua, a los quesos que parecían de goma y a los yogures gelatinosos de color beis, aromatizados con frutas falsas, que eran habituales en nuestra cocina. En casa de Arnold, los alimentos no eran de mentira ni se conservaban en envases de plástico. Su padre hacía, él mismo, los yogures en una yogurtera. Les añadía fresas, frambuesas y arándanos de verdad. […]

Cuando volví a casa de los Mendelssohn, compartí con el padre de Arnold mi decepción por lo que había encontrado en nuestra nevera. […]

—Entonces, ¿en tu casa solo coméis **sucedáneos**? —preguntó.

Asentí con la cabeza porque no me atrevía a preguntarle qué significaba esa palabra. Al regresar a casa, le pregunté a Virgile si me podía dar una definición.

—Sucedáneos... —repitió, vacilando—. ¿Esas no son las piedras volcánicas? Sí, creo que sí. Son unos silicatos...

Como Virgile estaba en tercero y se le daban bien las ciencias, lo creí.

Al día siguiente, en clase, le di un recado a Arnold:

—Dile a tu padre que me equivoqué: en casa no comemos piedras volcánicas.

Audren
Los frikis de la cocina
Edelvives

Vocabulario

sucedáneo: imitación de mala calidad.

De la yogurtera a la nevera

- Observa la forma del texto, ¿dónde crees que podrías encontrarlo?
- ¿Puedes explicar cómo se utiliza algún electrodoméstico? ¿Cuál (una tostadora, un exprimidor…)?

PRECAUCIONES

- Enchufar y desenchufar el aparato con las manos secas.
- No sumergir el cuerpo principal del aparato en agua ni limpiarlo con productos químicos, ya que pueden deteriorar las superficies.

PUESTA EN MARCHA Y APAGADO

- Pulsar el botón de encendido (ON) y comprobar que aparece la señal luminosa de color rojo.
- Elegir el programa deseado (el tiempo aproximado de preparación es de 10 a 14 horas).
- Apagar la yogurtera presionando el botón de apagado (OFF) cuando la señal luminosa roja parpadee.

PREPARACIÓN DE LOS YOGURES

- Volcar un yogur en un recipiente y batir enérgicamente.
- Añadir un litro de leche sin dejar de remover.
- Verter la mezcla en los tarros e introducirlos en la yogurtera.

GARANTÍA

- Un año a partir de la fecha de compra, en caso de que se trate de un defecto de fábrica.

Después de leer

LOCALIZO

1. ¿Quién es el señor Mendelssohn?

2. Responde a estas preguntas sobre la primera lectura.
   - ¿Qué alimentos encuentra el niño en su nevera?
   - ¿Qué le pregunta el padre de Arnold al niño?
   - ¿Por qué contesta: «En casa no comemos piedras volcánicas»?

3. Encuentra en la primera lectura dos palabras antónimas que se refieren a los alimentos de cada casa y escríbelas.

4. ¿En qué casas encontrarías estos yogures? ¿Por qué?

5. Corrige las oraciones falsas de la lectura siguiente.
   - «Puesta en marcha y apagado» previene accidentes.
   - Solo un apartado no trata sobre el uso y funcionamiento.
   - Informa sobre cuántos yogures se obtienen con un litro de leche.

6. ¿Cómo limpiarías la yogurtera? Explícalo.

COMPRENDO

7. ¿Quién puede ser Virgile? ¿Crees que es mayor o menor que el niño? ¿Por qué?

8. ¿Crees que el niño quiere tomar comida sana?

9. Piensa: ¿En cuál de las dos casas de la lectura inicial crees que es muy importante reciclar?

COMPRENDO

10 Observa los dos textos que has leído. ¿Qué finalidad tiene cada uno?

11 Escribe el paso que falta en la lectura de la yogurtera para que los yogures se parezcan a los del padre de Arnold. ¿En qué apartado incluirías la información?

12 Observa la fotografía de la yogurtera. ¿Qué puede significar la expresión «el cuerpo del aparato»? Dibújalo en tu cuaderno.

13 ¿Qué pasaría si al estrenar la yogurtera se cae al suelo y se rompe? ¿Podrías presentar la garantía para que te dieran otra? ¿Por qué?

14 Investiga en Internet el origen del yogur y escribe un resumen en el que expliques cuándo y quiénes lo consumían. Compara tus datos con los de tus compañeros.

15 Fíjate en la lectura de la yogurtera. ¿Qué tipo de texto es? Haz un esquema que incluya estas partes.
- Un título para este tipo de texto.
- Los apartados que lo componen.

RELACIONO

16 ♥ El niño de la lectura admira el modo de cocinar y los productos que utiliza el padre de Arnold. ¿Qué opinas?
- Escribe una lista con tu compañero que tenga por título «Así me cuido yo».

17 ♥ Cuando el niño ve su nevera, se siente mal y decide pedir ayuda a alguien que sabe más que él.
- ¿Crees que reconocer que hacemos algo mal supone una oportunidad para cambiar lo que no nos gusta de nuestros hábitos?

El nombre

Los **nombres o sustantivos** son las palabras que se emplean para designar **personas, animales, cosas, lugares** o **ideas**, por ejemplo: *Alejandra, elefante, uvas, Rusia, libertad*.

Las clases de nombres

Por su significado, un nombre puede ser:

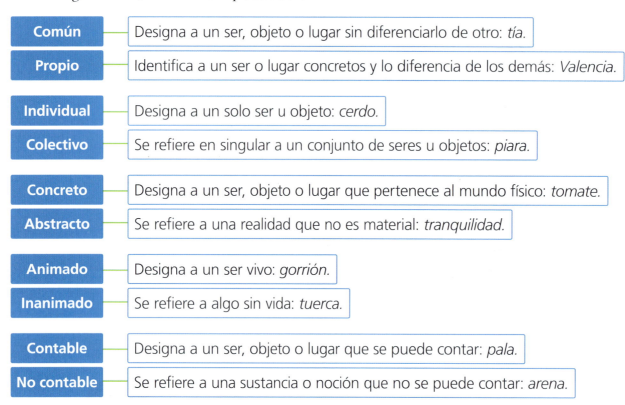

Común	Designa a un ser, objeto o lugar sin diferenciarlo de otro: *tía*.
Propio	Identifica a un ser o lugar concretos y lo diferencia de los demás: *Valencia*.
Individual	Designa a un solo ser u objeto: *cerdo*.
Colectivo	Se refiere en singular a un conjunto de seres u objetos: *piara*.
Concreto	Designa a un ser, objeto o lugar que pertenece al mundo físico: *tomate*.
Abstracto	Se refiere a una realidad que no es material: *tranquilidad*.
Animado	Designa a un ser vivo: *gorrión*.
Inanimado	Se refiere a algo sin vida: *tuerca*.
Contable	Designa a un ser, objeto o lugar que se puede contar: *pala*.
No contable	Se refiere a una sustancia o noción que no se puede contar: *arena*.

El género y el número

Un nombre puede ser de **género masculino** (*el* tren) **o femenino** (*la* salsa).

Los nombres de seres animados pueden tener ambos géneros. El femenino se forma de distintas maneras: **cambiando la -o** final del masculino por **-a** (*abuelo → abuela*); **añadiendo -a** (*buceador → buceadora*) o una **terminación especial** (*emperador → emperatriz*), o mediante una **palabra distinta** (*carnero → oveja*).

Un nombre puede estar, por su **número**, en **singular** o en **plural**.

Para formar el plural de un nombre, **se añade -s** al singular, si termina en vocal (*lámpara → lámparas*), **o -es**, si finaliza en consonante (*oportunidad → oportunidades*).

Recuerda

En un grupo nominal, los determinantes y los adjetivos **concuerdan en género y número** con el nombre al que acompañan: *el gato blanco, la gata blanca.*

1. 🔊 Escucha este texto y copia en tu cuaderno las palabras que sean nombres.

2. Escribe un nombre propio para cada uno de los siguientes nombres comunes.
   - niño
   - ciudad
   - río
   - mascota

3. Relaciona estos nombres en tu cuaderno y clasifícalos en individuales y colectivos.
   - flota
   - dentadura
   - abeja
   - biblioteca
   - enjambre
   - barco
   - libro
   - diente

4. Escribe un nombre concreto y uno abstracto para cada ilustración.

5. Representad con mímica nombres animados e inanimados y adivinadlos.

6. Completa una de estas oraciones con un nombre contable y, la otra, con uno no contable.
   - La ..... se produce por la condensación del vapor de agua de las nubes.
   - Me llevé el ..... por si llovía.

7. Escribe el género y el número de los nombres de estas oraciones.
   - Mi prima me trajo dos regalos.
   - El taxista reparó las ruedas de su coche.

8. Cambia el género y el número de las palabras **caballos** y **mujer.**

El hiato

Un **hiato** es la secuencia de **dos vocales juntas** en una palabra que, sin embargo, pertenecen a **sílabas distintas**: *te-a-tro*.

Los hiatos se pueden formar de tres maneras diferentes:

- Con **dos vocales abiertas distintas:** *fa-ra-ón* , *pe-le-a.*
- Con **dos vocales iguales:** *an-ti-in-cen-dios, po-se-er.*
- Con **una vocal abierta y otra cerrada tónica:** *pú-a, ma-íz.*

9. Copia los hiatos de estas palabras y escribe de qué clase son las vocales que los forman.
   - o-es-te
   - Ro-ci-i-to
   - com-pa-ñí-a
   - co-or-di-nar

10. Separa en sílabas estas palabras y rodea las vocales que formen hiatos.
    - traer
    - héroe
    - plantío
    - barbacoa
    - léetelo
    - baúl
    - goleador
    - deseo

Los prefijos

Los **prefijos** son grupos de letras que se añaden **delante de las palabras** para formar otras con un significado nuevo. Por ejemplo:

- *pre-* («antes»): *pre*historia (anterior a la historia).
- *re-* («volver a»): *re*calentar (volver a calentar).
- *mono-* («único» o «uno solo»): *mono*plaza (dicho de un vehículo, que tiene una sola plaza).
- *poli-* («varios»): *poli*deportivo (instalación en la que se pueden practicar varios deportes).
- *semi-* («mitad», «medio» o «casi»): *semi*abierto (medio abierto).
- *super-* («en exceso» o «en grado máximo»): *super*poblado (poblado en exceso).
- *a-* (denota negación o privación): *a*rritmia (falta de ritmo en las contracciones del corazón).

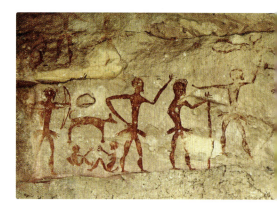

1 Rodea en tu cuaderno los prefijos de estas palabras. Después, explica el significado de cada una de ellas.

- superpotencia
- policultivo
- semifinal
- monopétalo

2 Une para formar palabras nuevas.

pre   re

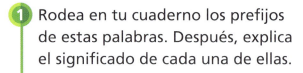

aparición   suponer   escolar   caer

3 Busca en el diccionario las palabras **simétrico** y **asimétrico** y completa la oración con una de ellas.

- Si se dobla por la mitad el dibujo de un objeto ....., las dos mitades no coinciden.

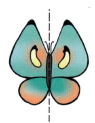 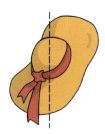

4 Copia estas oraciones y completa las palabras con los prefijos **pre-** o **re-**.

- En las recientes elecciones, el actual presidente resultó .....elegido.
- El entrenador ordenó a sus jugadores .....calentar antes del partido.
- Yo ya he visto la última película de *Star Wars* porque asistí ayer a su .....estreno.
- Marta se .....incorporó a su trabajo después de estar enferma una semana.

5 Añade en tu cuaderno un prefijo a cada palabra definida a continuación.

- .....color: de un solo color.
- .....esfera: la mitad de una esfera.
- .....clínica: centro médico con servicios de varias especialidades.
- .....abundante: que abunda en exceso.
- .....facético: que tiene diversas facetas o aspectos.

Practica todo

Luisa:

Compra en el supermercado, por favor, tres botellas de leche semidesnatada, dos lasañas precocinadas, una sandía y dos platos nuevos para nuestra vajilla.

¡Gracias!

Un beso,

Ismael

1 Copia nombres del texto que correspondan a las siguientes clases.
- Un nombre propio.
- Un nombre colectivo.
- Un nombre concreto.
- Un nombre inanimado.
- Un nombre no contable.

2 Corrige en tu cuaderno los problemas de concordancia entre un nombre de esta oración y el determinante y el adjetivo que lo acompañan.
- Luisa también compró en el supermercado una bote de mayonesa pequeños.

3 🔊 Escucha y copia el dictado en tu cuaderno.

4 Separa en sílabas estas palabras y rodea con azul los diptongos y con rojo los hiatos.

| Ismael | gracias | sandía | Luisa |

5 Explica qué significado les aportan a estas palabras los prefijos destacados en ellas: *semi*desnatada y *pre*cocinada.

6 Sustituye en cada oración los términos destacados por una sola palabra que contenga el prefijo **mono-** o **re-**.
- Ismael **volvió a calentar** la lasaña antes de servirla.
- El fregadero tenía un **único mando** para el agua fría y el caliente.

ANÁLISIS

Teresa perdió su **cuaderno** azul. → **Teresa:** nombre propio.
  S   P

cuaderno: nombre común, individual, concreto, inanimado, contable, masculino y singular.

7 Analiza las palabras destacadas en tu cuaderno.
- El **equipo** siempre bebe **agua** antes de un **partido**.

Los recursos literarios II

Además de la hipérbole y los juegos de palabras, en el lenguaje literario se emplean otros **recursos literarios**, como los siguientes:

- La **personificación.** Consiste en otorgar a los animales o a los objetos cualidades propias de las personas. *La luna le sonreía tímidamente.*

- La **comparación.** Relaciona dos elementos y los compara para resaltar la cualidad de uno de ellos. *Es lento como una tortuga.*

- La **metáfora.** Consiste en establecer una relación imaginaria entre dos elementos que comparten alguna característica. *Las ventanas del alma reflejaban su alegría* (las «ventanas del alma» son sus ojos).

1 Lee el texto y explica qué recurso literario aparece.

> Empieza el llanto
> de la guitarra.
> Es inútil callarla.
> Es imposible callarla.
> Llora monótona
> como llora el agua,
> como llora el viento
> sobre la nevada.
>
> Federico García Lorca

2 Completa estas oraciones para crear personificaciones.

- La cuchara ..... con la comida.
- El perro y el gato ..... .
- El viento ..... a las ramas de los árboles.
- La estatua ..... de las palomas.

3 Relaciona los elementos de estas tres columnas para crear comparaciones.

- sabor
- barco
- nube
- vestido

- alegre
- dulce
- pequeño
- blanca

- primavera
- nieve
- miel
- cáscara de nuez

4. Recita este romance y copia en tu cuaderno las comparaciones. Después, explica cuál es el significado de cada una de ellas.

Romance de Rosalinda

A las puertas del palacio
de una señora de bien,
llega un lindo caballero
corriendo a todo correr.
Como el oro es su cabello,
como la nieve, su tez;
sus ojos, como dos soles,
y su voz, como la miel.
—Que Dios os guarde, señora.
—Caballero, a vos también.
—Ofrecedme un vaso de agua,
que vengo muerto de sed.
—Tan fresca como la nieve,
caballero, os la daré,
que la cogieron mis hijas
al punto de amanecer.
—¿Son hermosas vuestras hijas?
—Como un sol de Dios las tres. [...]
La mayor y la mediana
al punto aquí las tendréis.
Rosalinda, caballero,
os ruega la perdonéis:
por vergüenza y cobardía
no quiere dejarse ver.
—Lindas son las dos que veo,
lindas son como un clavel,
pero más linda será
la que no se deja ver.

ANÓNIMO

5. Explica los dos últimos versos del romance. ¿Alguna vez has deseado algo sin conocerlo?

Amplía

Un **romance** es un poema de origen popular en el que se narra una historia.

RINCÓN CREATIVO

6. Escribe la historia de Rosalinda en forma de cuento.

7. Escribe en un papel una palabra *(niño, agua...)* y anota en otro una distinta *(feliz, clara...)*. Introducid todos los papeles en dos bolsas e id sacándolos para formar comparaciones y, después, transformarlas en metáforas. Observa el ejemplo.

soldado → torre

*El **soldado** era alto como una **torre**.* → *El **soldado** era una **torre**.*

8. Escribe un breve texto utilizando las metáforas de la actividad anterior. Puede ser en verso o en prosa.

LAS REGLAS DE UN JUEGO

Las **reglas de un juego** contienen las **instrucciones** imprescindibles para poder jugar y sus reglas. Además, indican el número de jugadores que pueden participar y los materiales que hacen falta para llevarlo a cabo.

1 💬 ¿Qué pasaría si nadie obedeciera las reglas del parchís?

2 Lee atentamente las reglas de este juego.

Los secretos

Jugadores: 2 o más.

Material: papel y lápiz.

1. Cada jugador recibe un papel y un lápiz, y parte en dos el papel.
2. En uno de los trozos, y sin que lo vean sus compañeros, escribe una frase.
3. Luego la copia en el otro papel, sustituyendo cada vocal por un número determinado, por ejemplo: la «a» por el 1, la «e» por el 2, y así sucesivamente. [...]
4. Una vez que todos acaban la frase en clave, la pasan al compañero de la izquierda.
5. Cada jugador intenta descifrar el significado de la frase recibida para decirla en voz alta. El primero en conseguirlo es el ganador.

Josep M. ALLUÉ

ANALIZO

Todos los deportes y juegos tienen unas reglas. Quienes participan en estas actividades deben conocerlas y cumplirlas para jugar correctamente.

3 Observa el texto y reflexiona.
- ¿Cuántas reglas contiene?
- ¿Cómo están organizadas?
- ¿Por qué crees que se destacan el número de jugadores y el material?
- ¿Se trata de un reglamento complicado o sencillo? ¿Por qué?

4 Vuelve a leer el texto y responde.
- ¿El material que se indica es imprescindible para jugar?
- ¿Cómo se crea el mensaje secreto?
- ¿Crees que está bien elegido el nombre del juego? ¿Por qué?
- ¿Quiénes leerán estas normas?

UNIDAD 4 / 83

Inventa y escribe las reglas del juego «Habla, que no te veo».

PLANIFICO

5. En primer lugar, organiza tus ideas.

- ¿Qué te sugiere el nombre? Piensa en dos reglas.
- ¿Cómo se inicia el juego? ¿Cuándo termina?
- ¿Cuántos jugadores se necesitan?
- ¿Qué material hace falta?

Puedes tomar como modelo este mapa conceptual.

REDACTO

6. Elabora un borrador tras ordenar los elementos anteriores.

7. Escribe las reglas del juego teniendo en cuenta tu planificación. No olvides cuidar la ortografía y la presentación.

Mejora tu redacción

Cuantas menos reglas tenga un juego, más fácil resultará aprenderlo. Para reducir el número de reglas, puedes:

- Utilizar **enlaces para coordinar** oraciones, por ejemplo: *No se puede hablar **ni** hacer gestos; Retrocederá tres casillas **y** perderá un turno.*

- Insertar **oraciones dentro de otras** con las que están relacionadas, por ejemplo: *Escribo una frase sin que me vean + Escribo en un papel → En uno de los papeles, sin que me vean, escribo una frase.*

REVISO

8. Relee tu texto y valora en tu cuaderno estos puntos para evaluar tu progreso.

9. Intercambia tus reglas del juego con las de un compañero y léelas para evaluar cada uno el trabajo del otro.

Caligrafía	¿La letra se entiende?
Ortografía	¿Has cometido alguna falta? Corrígela.
Estructura y redacción	¿Las instrucciones están claras?
	¿Las has unificado y coordinado para conseguir un número menor de reglas?
	¿Has señalado los materiales y el número de jugadores?
Presentación	¿Las normas están numeradas y separadas entre sí?

¡INOLVIDABLE!

Travesía por el Atlántico

Al poeta chileno Vicente Huidobro, su país se le hacía muy alargado y demasiado estrecho. Y se había propuesto viajar a Europa para ensanchar sus horizontes. [...]

El barco más seguro que hacía la travesía entre Chile y España era el trasatlántico Tierra del Fuego. No estaba equipado con tanto lujo como el Titanic, origen entonces de muchos comentarios en medio mundo tras su trágico hundimiento al chocar con un iceberg, pero realizaba la misma ruta desde hacía algunos años y nunca había tenido problemas.

Se trataba de un buque mixto, dedicado al transporte de personas y de mercancías. Tenía 151 metros de eslora y 25 de manga. El Titanic lo superaba ampliamente en longitud y anchura, pero ni el tamaño ni el lujo de un barco garantizan la seguridad que tanto preocupaba a doña Manuela.

Ignacio SANZ

1 Escribe «TF» si se refiere al Tierra del Fuego y «T» si se trata del Titanic.
- Era el más lujoso.
- Nunca tuvo problemas en su ruta.
- Era el más seguro entre Chile y España.

2 ¿Qué consideraba más importante doña Manuela?
- El lujo.   • La comodidad.   • La seguridad.

3 Asocia las palabras **eslora** y **manga** al significado que tienen en el texto.
- longitud   • anchura

4 Copia esta oración y rodea los nombres.
- El poeta chileno viajó a Europa con su familia.

5 Selecciona la palabra que sea un nombre común, individual, concreto, inanimado y contable.
- Álvaro   • barco   • tripulación

UNIDAD 4   85

6 Localiza en esta oración las palabras con hiato.

• El Tierra del Fuego realizaba su travesía por los océanos Pacífico y Atlántico.

7 Separa en sílabas las palabras anteriores con hiato.

8 Copia estas palabras y rodea los prefijos. Después, escribe junto a ellas su significado correcto.

• semicírculo   anterior a algo

• recoser   mitad, medio o casi

• preestreno   volver a hacer algo

9 Sustituye cada expresión por una palabra con prefijo.

• medio hundido   • volver a leer

• palabra con una sílaba   • excesivamente lujoso

10 Indica qué recursos literarios son estos: **la brisa acarició su rostro, flexible como una espiga** y **sus palabras eran dardos**.

TIENES EL PODER

11 Pide a un familiar que te explique una receta sencilla. Anota los datos y cuéntasela a un compañero.

12 Escucha y copia el dictado en tu cuaderno.

13 Redacta las normas de un juego conocido sin ponerle título. Después, jugad en clase para acertar cuáles son.

14 Lee el poema y explica qué recursos literarios contiene. Luego, escribe dos versos con una comparación.

Lluvia

El cielo se ha despeinado,
su melena de cristal
se destrenza en el sembrado.

Manuel ALTOLAGUIRRE

ENTRENAMIENTO DE EQUIPO

Fundamos un club de lectura original

Un club de lectura está formado por un grupo de lectores que se reúnen para comentar un libro o un texto que todos han leído. Para crearlo, primero, traed un texto a clase; después, meteremos todos los textos en una caja vacía, los mezclaremos y sacaremos, cada uno, un texto al azar. Por último, leeremos el texto elegido y se lo explicaremos al resto de compañeros.

Carné del club de lectura

Nombre:
....

Apellidos:
....

FOTO O DIBUJO

Dividimos el trabajo

Antes de crear el programa entre todos, cada integrante del grupo tendrá que realizar una de estas tareas, que os deberéis repartir según lo que os diga vuestro profesor.

Además, tendréis que realizar una ficha de lectura de cada libro.

Tarea 1
Buscad palabras acentuadas en los textos y analizadlas.

Tarea 2
Cread, en un folio, las normas del club.

Tarea 3
Dividid los textos en literarios o no literarios, y clasificadlos según su tipología.

Tarea 4
Inventad una oración completa con sujeto y predicado a partir del título.

FICHA DE LECTURA	FECHA
Título:	.....
Autor:	.....
Año:	.....
Editorial:	.....
Opinión personal:	.....

Buscamos y analizamos la información

En primer lugar, realiza de manera individual tu tarea.

En segundo lugar, reúnete con los compañeros de los otros grupos a quienes también les haya tocado la misma tarea y cuéntales lo que has averiguado y cómo lo has hecho. Después, anota lo que ellos te cuenten para disponer de más información.

Por último, realiza la ficha de lectura de los textos que hayas leído.

Comunicamos los resultados

Vuelve a tu grupo y, ahora, cuéntales a tus compañeros los resultados de tu tarea.

Organizamos el club de lectura

Para realizar la tarea, cada grupo deberá hacer lo siguiente:

1. Pensad en cómo se llamará vuestro club de lectura.
2. Poned en común los datos de las fichas de los libros y elaborad un resumen del argumento.
3. Debatid sobre los gustos de cada uno acerca de los libros y justificad vuestras opiniones.
4. Decidid el relato que más os haya gustado y elegid una de las siguientes tareas sobre ese texto. Podéis realizar esta tarea en conjunto o bien hacer una tarea distinta cada uno.

a **Manualidades**
Elaborad una flor, pegando los textos o dibujos relacionados como si fuesen pétalos.

b **Representación o dramatización**
Realizad una representación de lo que habéis leído. Puede ser en grupo o individualmente.

c **Creación propia**
A partir del texto que habéis leído, inventad un relato propio (un cuento, una escena teatral, etc.).

5. Compartid con la clase los resultados del grupo. Los demás grupos también darán su opinión personal sobre los textos que hayáis traído y sobre el trabajo en equipo que habéis elaborado.
6. Comunicad a vuestros compañeros lo que habéis sentido al realizar esta tarea, qué habéis aprendido y qué os ha gustado más.
7. Realizad, por último, un ensayo en el que opinéis sobre el club de lectura y en el que comentéis con qué argumentos convenceríais a vuestros amigos para crear uno propio.

¡Genial! Ahora solo os queda mostrar vuestros trabajos y pensar en cuál será la próxima lectura para vuestro club. ¡Qué divertido!

¡A PRUEBA!

Qué ver en Barcelona

Hay mucho que ver en Barcelona, una ciudad que ofrece a los turistas múltiples opciones. Si vuestro bolsillo os lo permite, reservar un hotel en Ciutat Vella o en el Eixample puede ser una buena idea para recorrer a pie gran parte de los atractivos de la ciudad. A continuación, os sugerimos algunos de los sitios más interesantes.

Las Ramblas

Las Ramblas es uno de los principales paseos de Barcelona. Tiene alrededor de 2 km de longitud y une la plaza de Cataluña con el monumento a Colón, en el puerto antiguo.

Barri Gòtic

Ubicado a la izquierda, bajando las Ramblas, el Barri Gòtic (barrio Gótico) es el núcleo más antiguo de la ciudad de Barcelona. Cuenta con innumerables atractivos, como la plaza de Sant Jaume (plaza de San Jaime), una de las más importantes y antiguas de la ciudad, donde se ubican también edificios de trascendental importancia política, como el Palau de la Generalitat de Cataluña y la sede del Ayuntamiento de Barcelona.

Iglesia de la Sagrada Familia

La iglesia de la Sagrada Familia de Barcelona se ha convertido en un símbolo de la ciudad y es, sin duda, la obra más conocida de Antoni Gaudí, quien trabajó en ella desde 1883 hasta 1926.

La Pedrera (Casa Milà)

La Pedrera o Casa Milà es otro de los edificios de Gaudí que, sin duda, hay que ver en Barcelona. Fue construido entre 1906 y 1910 como edificio de viviendas, aunque sus formas irregulares provocaron al principio alguna resistencia por parte de quienes vivirían allí.

Park Güell

El Park Güell de Gaudí aúna en perfecta armonía naturaleza y arquitectura. Pensado originalmente como un proyecto de urbanización en un parque de dieciocho hectáreas, solo se construyeron dos de las cuarenta casas planeadas, una de las cuales fue habitada por Gaudí y que hoy es la casa museo del artista.

Camp Nou de Barcelona

Inaugurado en 1957 en el barrio de Les Corts, a diez minutos del centro, el estadio del Fútbol Club Barcelona es uno de los principales atractivos de la ciudad.

www.101viajes.com

1 ¿Qué tipo de texto es?
- Una noticia.
- Un reportaje.
- Unas instrucciones.
- Una guía turística.

2 ¿Cuál es el objetivo principal del texto?
- Planear una ruta por Barcelona.
- Ofrecer información sobre las zonas de Barcelona.
- Informar sobre un suceso.
- Hacer publicidad del hotel Ciutat Vella.

3 ¿En qué zona de la ciudad está la plaza de Sant Jaume?

4 ¿Cuál de estas obras se empezó a construir antes?

La Pedrera o Casa Milà   La Sagrada Familia

¡A PRUEBA!

5 ¿Cuántos años trabajó Gaudí en la Sagrada Familia?

- 33 años.   • 26 años.   • 43 años.   • 83 años.

6 ¿Dónde habría que dirigirse para visitar la casa museo de Antoni Gaudí?

7 Busca en el texto un antónimo de la palabra **deshabitada.**

8 ¿Qué significa la expresión «si vuestro bolsillo os lo permite»? Explícalo en dos líneas.

9 Señala al menos tres palabras del texto que aparezcan en catalán y escribe cómo se dirían en español.

10 ¿Qué características son las que más te han llamado la atención de las palabras escritas en catalán?

11 Busca en el texto tres palabras acentuadas agudas, tres llanas y tres esdrújulas.

12 Imagina que vas a Barcelona y te dan un plano turístico de la ciudad. Obsérvalo y escribe qué actividades podrías realizar, además de las propuestas en la guía turística.

13. ¿En qué medios de transporte se puede llegar a la ciudad?

14. ¿Qué recorrido recomendarías para desplazarte del Camp Nou al barrio Gótico?

15. ¿Cuál de los siguientes elementos añadirías a un plano turístico? Ten en cuenta que hay varias respuestas correctas.
    - Restaurantes.
    - Paradas de transporte público.
    - Hospitales y centros de salud.
    - Colegios.

16. Planifica un itinerario para visitar Barcelona en un día. Escríbelo en cinco líneas utilizando la información anterior.

17. ¿Crees que una guía de viajes es útil para conocer un lugar? ¿Y un mapa?

18. ¿Te resultaría difícil buscar información en Internet acerca de una ciudad? ¿Por qué? ¿Qué otros medios podrías utilizar también?

19. Inventa una oración sobre tu ciudad con sujeto y predicado.

20. Crea un reportaje de tu pueblo o ciudad siguiendo el modelo con el objetivo de que al lector le sirva de guía turística.

Somos nativos digitales

Tus compañeros y tú sois capaces de utilizar móviles, tabletas y ordenadores sin ningún entrenamiento previo. Sois, por ello, lo que se conoce como «nativos digitales». Sin embargo, habréis comprobado que algunas personas mayores no tienen esa facilidad: son los llamados «inmigrantes digitales».

21. Por grupos, buscad información y elaborad un cuadro comparativo sobre las características que definen a un nativo digital y a un inmigrante digital.

22. Después, comentad en clase las ventajas y las posibles desventajas de ser un nativo digital.

LA RIMA Y LA MÉTRICA

En las poesías, los autores expresan sentimientos o pensamientos. Suelen componerse en verso y presentan un ritmo especial, que se consigue a través de la rima y la medida o métrica de sus versos.

La **rima** es la repetición de sonidos al final de dos o más versos a partir de la última vocal acentuada. Existen dos tipos de rima.

- **Consonante:** se repiten **todos los sonidos.**

Verano

Frut**ales**   Umbr**ía**
carg**ados**.   sequ**ía**,
Dor**ados**   sol**ano**...
trig**ales**...
           Pal**eta**
Crist**ales**   compl**eta**:
ahum**ados**.   ver**ano**.
Quem**ados**
jar**ales**...   Manuel MACHADO

- **Asonante:** se repiten, al menos, **los sonidos de las vocales.**

Arbolé, arbolé

Arbolé, arbolé
seco y verde.

La niña de bello rostro
está cogiendo aceit**u**n**a**.
El viento, galán de torres,
la prende por la cint**u**r**a**.
Pasaron cuatro jinetes,
sobre jacas andal**u**z**a**s.
con trajes de azul y verde,
con largas capas osc**u**r**a**s.
«Vente a Granada, muchacha».
La niña no los esc**u**ch**a**.
Pasaron tres torerillos
delgaditos de cint**u**r**a**,
con trajes color naranja
y espada de plata antig**ua**.

«Vente a Sevilla, muchacha».
La niña no los esc**u**ch**a**.
Cuando la tarde se puso
morada, con luz dif**u**s**a**,
pasó un joven que llevaba
rosas y mirtos de l**u**n**a**.
«Vente a Granada, muchacha».
Y la niña no lo esc**u**ch**a**.
La niña del bello rostro
sigue cogiendo aceit**u**n**a**,
con el brazo gris del viento
ceñido por la cint**u**r**a**.

Arbolé arbolé
seco y verde.

Federico GARCÍA LORCA

La **métrica** o medida de un verso viene determinada por el número de sílabas que tiene.

- Si un verso tiene **ocho sílabas o menos,** se dice que es de arte menor. En estos casos, la rima se indica con una letra del abecedario en **minúscula,** al lado del número de sílabas del verso.

La guitarra que yo toco	8-
siente como una persona;	8a
unas veces canta y ríe.	8-
Otras veces gime y llora.	8a
Ventura Ruiz Aguilera	

La - gui - ta - rra - que - yo - to - co = **8 sílabas**

- Si el verso tiene **más de ocho sílabas,** es de arte mayor. En estos casos, la rima se indica con una letra del abecedario en **mayúscula,** al lado del número de sílabas del verso.

A un hombre de gran nariz

Érase un hombre a una nariz pegado,	11A
érase una nariz superlativa,	11B
érase una nariz sayón y escriba,	11B
érase un peje espada muy barbado;	11A
era un reloj de sol mal encarado,	11A
érase una alquitara pensativa,	11B
érase un elefante boca arriba,	11B
era Ovidio Nasón más narizado.	11A
Érase un espolón de una galera,	11C
érase una pirámide de Egipto,	11D
las doce tribus de narices era.	11C
Érase un naricísimo infinito,	11D
muchísimo nariz, nariz tan fiera,	11C
que en la cara de Anás fuera delito.	11D
Francisco de Quevedo	

LA RIMA Y LA MÉTRICA

Para determinar la métrica de un verso, se siguen estas reglas:

- Si dentro de un verso una palabra **termina en vocal o *y*,** y la siguiente palabra **empieza por vocal o *h*,** ambas sílabas se cuentan como una sola. Esto se conoce como **sinalefa.**

Única sabiduría

Lo único que sabemos
es lo que nos sorprende:
que todo pasa, como
si **no hu**biera pasado.

Silvina Ocampo

si-**no hu**-bie-ra-pa-sa-do = **7 sílabas**

- Si el verso termina en una palabra **aguda** o **monosílaba,** se cuenta **una sílaba más.**

Ema y los pájaros

El sol hundió las manos
en la tierra
cavó hasta el fondo
y **dejó**
una semilla minúscula
negra
como la oscuridad más oscura
como clave de **sol**
o una duda.
La semilla **brotó**
fue mirlo
y **voló**.
A veces bajo el árbol
un signo de pregunta
picotea lombrices
y canta al cielo
(mirlo es eso,
pozo profundo
música del **sol**
una **luz**).

Laura Escudero

y-de-**jó**   3 + 1 = **4 sílabas**

co-mo-cla-ve-de-**sol**   6 + 1 = **7 sílabas**

la-se-mi-lla-bro-**tó**   6 + 1 = **7 sílabas**

y-vo-**ló**   3 + 1 = **4 sílabas**

mú-si-ca-del-**sol**   5 + 1 = **6 sílabas**

u-na-**luz**   3 + 1 = **4 sílabas**

- Si el verso finaliza en una palabra **esdrújula**, se cuenta **una sílaba menos**.

Caperucita Roja

Caperucita Roja visitará a la abuela
que en el poblado próximo sufre de extraño mal.
Caperucita Roja, la de los rizos rubios,
tiene el corazoncito tierno como un panal.

A las primeras luces ya se ha puesto en camino
y va cruzando el bosque con un pasito audaz.
Sale al paso Maese Lobo, de ojos **diabólicos**.
«Caperucita Roja, cuéntame adónde vas».

Gabriela MISTRAL

Sa-**le al**-pa-so-Ma-e-se-Lo-bo-**de o**-jos-dia-**bó**-li-cos   **15 − 1 = 14 sílabas**

Ejemplos de análisis de la rima y de la métrica de un poema

¡Pobre burro!

El burro nunca dejará de ser burro.
Porque el burro nunca va a la escu**ela**.
El burro nunca llegará a ser caballo.
El burro nunca ganará carr**era**s.

¿Qué culpa tie**ne el** burro de ser burro?
En el pueblo del burro no hay escu**ela**.
El burro se pasa la vida trabajando,
tirando **de un** carro,
sin pena ni gl**oria**,
y los fines de semana
atado a la n**oria**.
El burro no sabe **leer**,
pero tiene mem**oria**.
El burro llega el último a la m**eta**,
¡pero le cantan los po**etas**!

El burro duerme en cabaña de lona.
No llamar burro al burro,
llamarle «ayudante del hombre»
o llamarle persona.

Gloria FUERTES

Rima asonante

Sinalefa: Qué-cul-pa-tie-**ne el**-bu-rro-de-ser-bu-rro = **11 sílabas**

Rima consonante

Aguda: El-bu-rro-no-sa-be-le-**er**
8 + 1 = 9 sílabas

Arte mayor: El-bu-rro-duer-**me en**-ca-ba-ña-de-lo-na = **11 sílabas**

Arte menor: o-lla-mar-le-per-so-na = **7 sílabas**